晶華菁華

リージェント台北の奇跡と
潘思亮の経営哲学

BRING BEST OF WORLD TO TAIWAN
BRING BEST OF TAIWAN TO WORLD

晶華菁華
リージェント台北の奇跡と潘思亮の経営哲学

――目　次――

潘思亮（撮影・陳炳動）

〈日本語版 序〉

台湾への日本の友情に感謝

この日本語版のための序で述べたいことは実に多いが、最も言いたいのは「感謝」という言葉である。

この本では、私たちがコロナ禍において生き残りをかけて転換に挑み、明るい再生を果たしたプロセスを描いた。私は、胸いっぱいの感謝を抱きながらも、このパンデミックで最も悲惨な「被害者」であるグローバルな観光産業の私たちがそれに耐え、さらには新生をも果たせたことはやはり不思議に感じざるを得ない。

日本語版の出版に際し、日本が深刻なコロナ禍にあり国際的なワクチン供給がひっ迫する中でも、台湾にワクチンを寄贈してくれたことに特に感謝したい。台湾人の一人としてこの貴重な友情に心から感謝し、台湾人がそれをしっかりと心に刻んだことを申し上げたいのだ。

私は日本が大好きで、神戸には親戚もいる。また、後になって知ったのだが、台湾と日本の最短距離は、台湾海峡とのそれよりも近く、宜蘭《ぎらん》の蘇澳《すおう》から約一一〇キロの与那国島からは、天気がよければ台湾の中央山脈が望めるという。そして、地理的な位置関係よりさらに近いのが台湾と日本の友情である。それは単なる国際的な互助精神というだけでなく、思いやりのこもった「感謝」の循環である。同じ地震帯上にあり、台湾で九二一台湾大地震、日本で東日本大震災が発生した時、お互いに緊急援助隊をすぐに派遣し、寄付をしあった。困難な時こそ、真の友情が見えるのである。

実際、私たちと日本との縁はごく早くから始まっていた。

「リージェント」というブランドは、創業者のロバート・H・バーンズと日本の東急グループが一九七〇年代に合弁で創業したものである。それは、東西の文化と美、お客様へのおもてなしで、インターナショナルなホテルを牽引するものだった。ブランドにこめられた東洋のＤＮＡは、中華文化というよりは日本の文化にある根源的なもの、そして日本的な「おもてなしの精神」に近いものだった。

これまで日本にはリージェントホテルはなかったが、リージェント台北は一九九〇年にオープンして以来、常に五つ星を超える極めて高い評価を得ている。そのおかげで日本の政界や実業界の方々、芸能人、旅行客などの台湾での宿泊先として真っ先に名前を挙げていただいている。リージェント台北はコロナ前、口コミによって日本人のお客様が四五％にも達していた。ここに長年、提携をしている日本の多くの旅行会社からのご評価、そして日本のユーザーの皆様のご愛顧に心より感謝したい。

もう何年も前のことだ。リージェント台北での宿泊をまじかにした日本のお客様が、ホテルのスタッフにこの台湾旅行の目的を知らせてくださった。それは、遺骨を台湾の海にまいてほしいという母親の遺言をかなえるためだという。彼はそれまで台湾に来たことがなく、母親の故郷の住所もわからなかった。宜蘭ということだけはわかっているが、まったく不慣れな土地で一体どうしたらいいかわからないというのだ。

そこでスタッフは、このお客様の願いをかなえる手助けをした。お客様が選んだ吉日に船をレンタルし、花束を準備し、母親がずっと想っていた海にその遺骨をまくお手伝いをさせていただいたのだ。その後、このお客様は毎年リージェント台北に戻ってこられ、台湾に一週間ほど滞在して、母親の故郷を訪ねられるようになった。

日本人のお客様が多いため、リージェント台北では台湾で唯一、日本人専任チームを編成し、日本人のお客様が滞在中、心置きなく過ごしていただけるようにしている（客室からの電話では日本語専用ラインも設置している）。コロナが世界的に流行した時には、帰国できなくなった台湾在住の日本人のお客様を対象に、日本伝統の年越しを楽しんでいただいた。また日頃お付き合いしている台湾日本人会の新年会には、鏡餅を寄贈している。

リージェント台北の経営をするようになって、私は日本文化への理解をより深めた。日本の現代文化とライフスタイルは常に学びの対象である。例えば、リージェント台北の母体であるシルクスホテルグループ（ＳＨＧ）と二〇年来の協力関係にあったデザイナーの橋本夕紀夫氏は、すばらしい美的要素をもたらしてくれた（第三章、第六章参照）。また、ＳＨＧは「世界の最もよいものを台湾へ、台湾の最もよいものを世界へ」という使命を持ちつつ、ホテル経営に努力しながら、食文化の交流のプラットフォームとして台湾と日本の観光や交流を促進してきた。

三〇年もの間、私たちは常に文化融合のＤＮＡを堅持し、文化多様性を重視する考え方を打ち出し、自らを東西文化の架け橋、世界と地元の牽引者と定義してきたのである。偶然にも、台湾と日本の交流の多くの「初めて」がリージェント台北でなされてきた。

リージェント台北は、最高級の日本酒「獺祭」を台湾に初めてもたらした五つ星ホテルであり、それは獺祭の初めての海外進出でもあった。また、日本の著名なシェフやミシュランのシェフを台湾に招く先駆けでもあった。これまで招いてきた料理人には、ミシュラン三つ星の菊乃井の村田吉弘、同じく三つ星の龍吟の山本征治、和食の名料理人小山裕久、熟成鮨で有名な木村康司、料理の鉄人陳建一、パティシエの小山進、焼肉界のカリスマ森田隼人などそうそうたるメンバーが名を連ねる。

ミシュラン一つ星の鉄板焼き「うかい亭」は、リージェント台北でのイベント開催後に、台湾南部の高雄にあるシルクスクラブに海外初出店を実現させた。北海道ほっとけーきの名店「椿サロン」もまずリージェント台北でテスト営業を行い、大人気となって、直営店の出店を決定した。短期間のテスト営業後の本格的な出店というこうしたモデルでのオープン方式も初めてだった。

二〇一四年からは、台湾のグルメを日本にもたらすようになった。故宮博物院初の日本での特別展に合わせ、東京のザ・キャピトルホテル東急、九州のホテルニューオータニ博多とコラボレーションし、故宮晶華のグルメを味わう「国宝の宴」という食のイベントを実施した。人気の高いメニューである当ホテルのチャンピョン牛肉麺が、ＡＮＡの日台間の路線の機内食とラウンジで提供されていたこともある。これはＡＮＡにとって初の海外のホテルとのコラボレーションでもあった。グルメの交流は他に渋谷のＴＳＵＴＡＹＡ、誠品生活日本橋、銀座のキッコーマンライブキッチンなどより身近な場所にも及んだ。

そして来たる二〇二三年、最もエキサイティングなことは、ＳＨＧの傘下にあるブティックスタイルのホテルブランド――ジャストスリープが大阪心斎橋でオープンすることである。これはジャストスリープが台湾から海外へ出る「初めて」の旅であり、またＳＨＧにとっての「初」の日本進出でもあるのだ！　実際、リージェントインターナショナルの初のホテルは、日本人が多く訪れるハワイに建てられた。ＳＨＧが受け継いだアジア文化は、まさに日本がルーツなのである。日本にホテルをオープンさせることは、まるで家に帰ったかのような、ブランド文化の発祥の地に戻ったかのようで、実にうれしい。

もう一つ、「初めて」がある。それは、この書籍の翻訳版は日本語版が最初だということだ。意識的にそうしたわけではないが、こうした偶然はなんとすばらしいことだろうか！　世界がアフターコロナへと移行する中、誰もが変化を必要とし、未来へと向かう旅に出る中で、皆さんとこの本をシェアできることを心から光栄に思う。

どうかこれからもよろしくお願いいいたします！

シルクスホテルグループ会長　潘思亮（スティーブン・パン）

二〇二三年一二月

〈潘思亮 自序〉

飲水思源――ルーツを思う

私は、幼い頃から、この果てしない世界には学ぶべき人物や事物があることにすでに気づいていた。リージェント台北から現在のＳＨＧ（シルクスホテルグループ）まで、ホテル関連事業にたずさわって三〇年以上となるが、それが単なるサービス業の経営だと感じたことはない。美学的な設計と国際観から、いかにより良い世界を創出するかを学ぶことに時間をかけているためだ。

そうする理由を語るには、幼年時代に戻らなければならない。記憶がある頃から、リビングは、父が海外から買ってきてくれた汽車や線路の模型で埋め尽くされていた。いろいろなレゴブロックもあった。ここから私は建築設計に興味を持つようになったのだ。

一四歳年上の兄潘思源は、軍事の雑誌と書籍を好んで読み、西洋のポップスに夢中だった。兄は毎年夏休みに高雄に戻るとホームパーティーを開き、まだ五～六歳だった私にパーティーのＤＪをさせ、軍事や音楽に興味を持たせてくれた。私は一五歳でアメリカ留学し、サンフランシスコの兄のところに身を寄せた。兄嫁である翁貴瑛は私にとてもやさしかった。彼らには五人の子供がおり、家の中はにぎやかで、常に食べ物があった。

今、彼女は高雄の実家におり、父が創設した祥和慈善基金会を継いでいる。

私の国際観や哲学は、一二歳年上の二番目の姉潘碧清の影響がある。姉は文藻外語大学に入り、英語、スペイン語、フランス語のほか、西洋文学を学んだ。家の中では、私たちは勉強机が向かい合わせで、姉は何でも教えてくれ、私の外国語の基礎も作ってくれた。私はいわば姉に育てられた「弟子」で、姉とその彼氏——後に姉の夫となった医者の麦格彰——のデートでは、私も一緒に映画を見たり、牛肉麺を食べたりしていた。

私には、一番上の姉潘碧珍もいる。この姉は、高雄の遠東百貨に勤めていた頃に李孔文と出会い、結婚した。父は輸出加工区にあった大田公司を手助けするため保証人になったが、会社に問題が起こると、姉の夫が会社に入ってテコ入れし、奇跡のようにこの会社を立て直した。同社を世界的なゴルフ用具の会社へと変貌させ、さらに新興市場で株価最高値企業になったこともある。私は彼らが高雄で父母の晩年を世話してくれたことに特に感謝したい。

兄の思源という名前は、「飲水思源（水を飲んで水源を思う）」という成語から取られた。私の「思亮」という命名の由来については、父からは特に説明を聞いていない。だが、英語に「The light at the end of the tunnel（トンネルの終わりの光——苦労の後には楽が来る）」という慣用句があり、これは実に私の名前に合っている。考えてみれば、ホテル経営の道のりで大きな危機にあうたびに、いつもこの言葉を証明してきたのだ。

ここで過去三〇年の中で、すでに身を引いたもののリージェント台北の発展のカギとなる三人の重要人物を挙げておきたい。彼らはちょうどリージェント台北のそれぞれの一〇年間を体現している。

一九九〇年から二〇〇〇年の重要人物は、リージェント台北の二人目の総支配人であるフランス系スイス人ジャン＝ピエール・ドッセである。ドッセは、リージェント・インターナショナルの料飲（料理飲料）部門副部長で、四～五軒のリージェントホテルでレストランを統括してきた。氏はリージェント台北で、人生で初めて総支配人に就くことになったのである。

グローバルな料飲業界において、氏はリージェントにすばらしい基礎を築いた功労者であり、リージェント台北の料飲事業のゴッドファーザーでもある。ドッセはまたマラソンが好きで、ホテルから円山、内湖までがお気に入りのコースだった。きわめて自制的で、管理スタイルはまるで軍隊のようだった。リージェント台北全体の規律文化を確立した。グループ第二世代のトップは、いずれも氏の指導を受けている。

二〇〇〇年以降の重要人物は、グループの前ＣＥＯである薛雅萍で、彼女はフロントからのたたき上げである。彼女は私が「拾い上げた」人物で、開発と営業管理の両方の力を持った、実に得がたい人材である。インテリアデザインに興味があった彼女は、一度は転職を決意していた。だが、私は、彼女が辞職する前にホテルの階段で偶然出会い、話を聞いて、彼女を会長である私のオフィスに加えることに決めたのだった。

薛雅萍は、四一歳でＳＨＧのＣＥＯに昇進し、多くのプロジェクトを統括してきた。

例えば、リージェント台北の館外レストランや、ジャストスリープ、シルクスプレイス、ウェルスプリング・バイ・シルクスなどのオリジナルホテルブランドの運営などだ。さらに消費行動の観察にも優れており、ホテル周辺だけでなく台湾各地へと事業を拡大していった。彼女はリージェント台北の二つ目の一〇年間あまりを体現しており、多様なブランドの基礎を固め、ホテルのプラットフォームの礎を築いた。彼女が尽力してくれたことに心から感謝したい。

三人目の重要人物は、リージェント・インターナショナル・ホテルズグループの元会長であるラルフ・オーレッツである。二〇一〇年、私がリージェント・インターナショナルを買収した際に、この伝説の人物を台北総本部に招き、グループ総裁に着任してもらった。彼がいた二〇一〇年から二〇一九年は、グループがグローバルなブランドとして発展するためのカギとなる時代である。

オーレッツは、エイドリアン・ゼッカ――リージェントグループの創設者の一人で、アマンブランドの創始者――と三〇年近く一緒に働いた。また、彼はアマングループの一人目の従業員でもあり、グローバルなラグジュアリーホテルの開発や建設に豊かな経験を持っていた。さらに、五〇〇年余りもの間、官爵を授かってきたドイツ貴族の末裔でもあった。私は、彼からデザインのコンセプトやテイストに関する多くのことを学んだ。まさに私のホテル設計の恩師である。さらに重要なことに、彼はグループの事業項目に、ホテルとレジデンスを合わせて開発運営する新たなビジネスモデルを加え、これが後にコロナ禍でのリージェントを支えるものとなった。

つなぎ役となるのが、現在ホテルの転換や向上を統括する重要人物であるリージェント台北及びグループ料飲部門MDの呉偉正である。彼はドッセの時代にリージェントに入り、館内にあるイタリアンレストランや館外レストランといった現場を経て、リージェント台北料飲部門に戻って管理をしている。彼のおかげで、リージェント台北は国際的なシェフと提携するなど全面的にアップグレードし、台湾の飲食におけるルネサンスをもたらした。二〇一八年からは、「リージェント・シティ」の立ち上げに尽力している。これは、リージェントブランドとホテルのリソースを統合し、オールラウンドでハイクオリティな生活と文化の場を打ち立て、宿泊、食事、ショッピングなど多様なサービスを提供するものである。また、コロナ禍では、グループの各総支配人につながりを作り、リージェント台北のアーバンリゾートへの転換、ECサイト「テイク・リージェント・ホーム」の立ち上げなどにも尽力してくれた。

このほかにあと二人、ずっとリージェント台北を見守ってくれている方々がいる。それは私の父が頼りにしていた重臣であり、私の先輩でもある。

一人目は、二〇二二年七月に退職した元グループCFOの林明月である。彼がいたからこそ、私たちはこの三〇年間の荒波をしのぐことができた。彼は、いわば私たちを安定させてくれる原動力であり、リージェント台北の部門別独立採算制をうまく定着させてくれた立役者でもある。もう一人は、以前グループのセキュリティ部門を統括していた古飄萍である。彼は以前、台北市中山警察署の署長を務め、退職後に来てもらった。その名前が示すようにまるでカンフー映画のヒーローのようで、リージェント台北の心強い守り神となった。私たちは彼を「古デカ長」と呼んでいた。

リージェント台北の母体であるＳＨＧのＰＲマーケティング部門は、張筠の統率により、常に新しさと変化を追求してきた。特にコロナ禍におけるデジタルへの転換、メディアとの関係強化はより貴重なものとなった。リージェント台北はまた社会、メディアからの働きかけと期待を受け、メディア業界の大物でフーディーの姚舜から貴重な提言と励ましを受け、さらに前進することができた。

それから、ＳＨＧのＣＯＯ顧嘉慧、ウェルスプリング・バイ・シルクスとジャストスリープ台湾エリア副総裁の陳恵芳（従業員番号二番）、グループ南部エリア副総裁及びシルクスプレイス台南総支配人林靖文、シルクスプレイスタロコ総支配人趙嘉綺、グループのＰＲマーケティング部副総支配人張筠、リージェント重慶の総支配人楊雋翰、そしてリージェント台北で二〇年前に創設したＶＩＰチームにも感謝したい。

ＶＩＰチームは当時、私の秘書だった戴芝恵が総支配人秘書の蘇雅涵、江淑芬と共に設立したもので、当初は私に代わって、知人や友人、ゲストをもてなし、ホテルの衣・食・宿や宴席を一つの窓口で提供しようというものだった。ＳＡＲＳの時には売上の一〇％を占めた。現在、リージェントギャラリアのＶＩＰサービス部部長の江淑芬、レストランＶＩＰサービス部部長の黄亮嘉、レストランＶＩＰサービス部副部長の洪智昌という三人のリーダーによって、このホテルの誠心誠意を尽くしたおもてなし精神が継承され、リージェントギャラリアとホテルのゲストにフルサービスを提供し、コロナ禍の期間においてもさらに驚くべき成長を遂げた。

ＳＨＧの各チームは実に立派である。コロナによる大きな打撃を受けても、それを逆手にとって自らを転換し、各業界に逆風の中でいかに生き抜くかを見せた。私たちの各ホテルは各地の同業者と一、二を競い合っている。リージェント台北は、台北において三冠王――総売上、料飲と客室の売上、レヴパーがいずれも第一位――に輝いた。私は心から、ＳＨＧの全スタッフに感謝したい。彼らは、確固たる気力と無私のホスピタリティを見せ、手に手を取り合い「台湾の最もよいものを世界にもたらし、世界の最もよいものを台湾にもたらす」というウィンウィンの使命を実現しているのである。

この三〇年を駆け抜け、コロナ禍での新生を迎える今、天国にいる父母がＳＨＧと私たち家族を見守り、私に知恵とモラルのある勇気を与えてくれたことに感謝する。そして、ずっと黙って見守ってきてくれた妻にも感謝したい。彼女は私の力の源である。また二人の娘と息子に、私の人生を光であふれたものにしてくれたことに感謝する。

さらに台湾社会がこのホテルを愛してくれていること、そして私たちが経てきた暗黒の時期、逆境の中で変化し再生することを支えてくれたすべてのお客様、パートナー、オーナー、ステークホルダー、友人たちに感謝する。この不安な時代、本書が読者に胸いっぱいの幸せとプラスのエネルギーを届けられることを願うものである。

〈作者 序〉

これから私たちが学ぶべき「自己超越」の道

この世界では、必死に自己超越を追求しているタイプの人々がいる。もし彼らがリーダーであれば、変化を促進する一流の人——集団の自己超越を触発し、すべての人にその潜在力を開かせる人——となるだろう。こうした思いが長期的にビジネス経営の中に浸透していけば、安定しつつ前向きな組織文化が育まれ、危機の中にあってもそのグループは焦らず、さらにチャンスへと変えていける。

潘思亮（スティーブン・パン）は、まさにこのタイプのリーダーである。彼がSHG（シルクスホテルグループ）を運営するまでのプロセスは、彼自身がチームと共に自己を超越する道のりでもあった。二〇〇〇年には大株主と経営権を守るために戦い、二〇〇三年はさまざまなサービスでSARSの時期を耐えた。二〇〇八～二〇〇九年のリーマンショックでは、逆境の中でホテルブランドを創設、リージェント・インターナショナルのブランド経営権の買収を決めた。そして二〇二〇年からのコロナ禍における業界の枠を超えたイノベーションとデジタルへの転換の実施などなど。

そのプロセスでは、生死にかかわる暗闇と混乱、生き残りをかけた不安や迷いがあった。危機の中で自らを鍛え、将来について思索することもあった。経営の意味をめぐる問いへの答えを見つけた後、永続的な成長に対する新たな考え方や悟りもあった。潘思亮とSHGは目の前に現れた脅威を一つずつ乗り越え、事実を受け止めながらも、決して悲観的にならず、変化をしてきた。当初は一九九〇年の一軒の五つ星ホテル――リージェント台北から、その傘下に多くのホテルとレストランブランドを有するグローバルなホテルグループであるSHGへと成長拡大をとげた。年商は、新台湾ドルで六五億元となり、毎年黒字の安定した経営で、台湾で最も稼いでいるホテルブランドと賞賛され、業界トップの座に座り続けている。

世界的なコロナの流行は、SHGがこれまで三〇年間で出会った危機をすべて合計したようなものである。他のホテルが次々とリストラや閉館を宣言する中、潘思亮は「相手を思いやる気持ち」の信念を固持し、真っ先にリストラも減給もしないことを宣言し、リージェントの転換を行った。そして、年商約五五億元（税引後利益で七億三二〇〇万元）と逆風の中で利益を得、コロナ禍において世界で唯一黒字のホテルグループとなった。二〇二一年五月、台湾が警戒レベル三に入ると、ホテル、レストランでの飲食が禁止された。リージェント台北の九割の利益は、一瞬で消えた。彼はなんのためらいもなく、SHGの大切な資産であるドミノピザを売却し、従業員の生計を保障した。もちろん、コロナの時期に開始した転換の道は継続し、SHGの新生を果たした。

危機への挑戦は、まるで脱皮やさなぎを経た蝶のようだ。だが、もしこうした自己超越を経なければ、羽化はあり得ず、美しい蝶にもなれない。組織が集団的な変化を追求し、自己超越を模索して、それぞれが自分の潜在力を発揮していく。これが潘思亮のビジネス経営とSHGを率いてきた道であり、それによってチームが順調な時も逆境にあっても、比較的高い業績を創出できてきたのだ。

さらに重要なのは、自己超越の経験を蓄積するにつれ、それまで意味をなさないでいた些細な物事が、次第にクリアになり、リアルになって、その存在意義を持つようになることである。三〇年をへて、潘思亮はついにシルクスホテルグループを経営する意味がわかった——それは、文化を用いておもてなしし、人々の幸福感（ウェルビーイング）をビジネスとして達成する集合体であり、すべての経営方針と商品、サービスは「思いやり」を出発点とすべきことである。

生きる理由があれば、きっかけがつかめる

「生きる理由を持つ者は、ほぼどのような生き方でも耐えることができる」というニーチェの名言がある。成功のストーリーを追いかけ、成功者の人生から学ぼうとするなら、実際には彼らが脱皮し羽化していくまでの自己超越の道を、深く明確に知らなければならない。

新たな成長のチャンスは永遠にある。足りないのは、新たな価値を見出す「目」に過

ぎない。これは、企業と人生経営の哲学の書である。国際的なホテルグループのストーリーではあるが、ホテルの細かなＳＯＰについてはふれていない。本書が主に述べるのは、変化と成長の心、本質的な思考の営みであり、企業が個人の集合体であること、ホテルはまさに人にサービスする業種だということである。もし、人や企業組織がいかに進化し成長するかに強い興味があり、危機の中でいかに考え方を転換するか、個人が挑戦や選択決定の際にどのような心境になるか、リーダーと組織がいかに自己を超越し人生の価値と追求する真理を見出すか、などを理解したいのなら、この本は一読する価値がある。なぜなら企業もまた人からできており、その存在意義が必要だからだ。それによって、組織集団は危機に際しても、目先のことに惑わされず、自ら選択した追いかけるべき意義と最も高い理念に目を向けることができるようになる。

この書はまた自分の勇気、変化する決心、そして自覚的な思惟、行為、存在に少しの励ましの力が必要な人のためのものである。まさに、さまざまな試練にいどんできた達人が、前向きな変化を創造するための人生の理を語る本なのだ。

本のエッセンスをより汲み取りやすくするため、それぞれの部の冒頭と末尾に三人称でプロローグとエピローグを入れ、各章に入った後は潘思亮の一人称で執筆した。小説のような実験的な書き方をしたが、これはＳＨＧにおいて重要なイノベーションの精神に応えたものでもある。

また、この本の一人称での語りは潘思亮、ＳＨＧ、取締役会など多くの人の回想、語り、歴史的な記録を再構成したものである。潘思亮の視点での叙述を選んだのは、彼がＳＨＧのヒューマニスティックな価値観と切っても切り離せない存在であり、経営哲学の思考の中核を明らかにできると考えたためである。

潘思亮とＳＨＧの自己超越の道——三〇年来、彼らがいかに進化を続け、逆境の中で再生を果たしたか——を知っていただければ幸いである。

この本によって、読者の心が満たされていくことを願ってやまない。

リージェント台北では、客室に現代的なカードキーではなく、
クラシックな古い銅製のキーを今も使用している。これは
ゲストに文化的なおもてなしをする心を表している。

EGENT GALLERIA

中山北路にそびえたつリージェント台北は、巨大なルービックキューブのよう。潘思亮の手の中で無限の組み合わせを見せる。

第一部

変化——再生の旅の始まり

語られなかった言葉に耳を傾け、

見せられなかったものを見つめ、

尋ねられなかったことを知る。

To hear without being told.
To see without being shown.
To know without being asked.

プロローグ

一流の自己超越者
――潘思亮

あなたは、人生に対してこんな疑問を持ったことがないだろうか。「どうすれば状況を変えられるのか？　どうすれば自分がなりたい自分になれるのか？」誰でも、多かれ少なかれ自分の境遇を変えたいと思うものだが、その境遇が実際はリアルな自分の投射であることは忘れがちである。境遇を変えたいなら、ポイントは「考え方」にこそある。

自分自身が、自分の考え方の統率者なら、どんな人間になるかを自分で決められ、身の回りの境遇にも影響を与えられる。潘思亮はまさにその最良の例であり、それはまた彼が次々と危機を転換させてきたモットーでもある。

潘思亮は、ビートルズが世界中の音楽ランキングを席巻し続けていた一九六五年――それは、融合とイノベーションの精神が、音楽を通して世界を変えたロックの時代――に生まれた。融合とイノベーションは、まさに潘思亮がビジネスと人生を営む上での二つの重要な特徴である。

一五歳でアメリカ留学し、二六歳で台湾に戻り、リージェント台北の総裁に着任する。三五歳で反対意見を押し切り、借金をして大株主のすべての株を購入、リージェント台北を自ら経営することにした。四三歳でオリジナルホテルブランドを創設、四五歳でリージェント・インターナショナルというグローバルなブランドを買収、ライセンスを付与される側から付与する側となり、東西文化の融合を成し遂げる。それは、潘思亮が好きな、白と黒の二尾の魚で構成される太極図のようだ。

だからこそ、彼は、融合的なイノベーションをＳＨＧの特色として内面化した。これは、ヒューマニティーとイノベーションを合わせ持った考え方である。彼らは、グローバルでローカル、モダンで永遠といったコンセプトの融合によって東西文化をつなぎ、華人世界のニーズを見つめた。そして、それにスピーディーに対応する実行力で、市場における発言権を掌握し、常に業界トップの優位性を保ってきたのである。

しかしながら、潘思亮は当初、ホテル業に入る気はこれっぽっちもなかった。二六歳より前の彼にとって、ホテルとは出張や休日の選択肢の一つでしかなかった。

なにか関連性を探すなら、せいぜい父潘孝鋭が台北市中山北路のホテルへの投資案に関わっていることを知っているくらいだった。

潘孝鋭は、「台湾の船舶解体王」と称された人物である。その一生はドラマチックで、著名な僧侶である星雲大師いわく「教養に富んだ実業家、控えめな慈善家」であった。潘思亮は、その末息子で、絵を描くのが好きだった。もともとは大学で建築学を学びたかったが、その後進路を変更しミシガン大学に入学し、医学を学ぶことにした。しかし、実際に医学部での勉強が始まってみると、血を見ただけで全身に鳥肌が立った。これは大変だ、医者は自分ができる仕事ではないと思うようになった。そこで、バークレイ大学の経済学科に転校した。だが、医学部での二年間で履修した遺伝子学や進化学も決してむだではなかった。その後、バイオ医薬業への投資判断の際にきわめて役立ったのである。

ベランダで寝る企業家

留学時代、潘思亮は最短の年数で卒業に必要な単位数を取得することこそ最良の投資と考え、アルバイトをしないことにした。だが、彼は一日中、机に向かっているようなタイプではなかった。潘思亮はポイントをつかむのがうまく、試験前には講義を担当している教授の研究を分析し、出題傾向を予測して、優れた成績をあげ

リージェント台北は、孫運璿が行政院長（首相）の任期中に
推進された。（1990年9月25日オープン日に撮影）

た。好成績を保ちつつ、大学のイベントにも積極的だった。妻コンスタンスと知り合ったのも、大学のイベントだった。その美しさに心を奪われた彼は、その後、彼女を追いかけることになる。

日々の生活は家からの仕送りで充分だったが、遊びに使うほど余るわけでもなかった。車を買いたくなった時も、自分のルールを守ってアルバイトはせず、節約するしかなかった。一ヵ月わずか百ドルの家賃で、ベランダをリフォームした部屋を借りたこともある。部屋の家具はベッドだけで、夏は大変「風通しがよかった」が、冬には湿っぽく寒かった。一番下にしまい込んでいたジーンズを引っ張り出して広げてみると、全体にカビがはえていたこともあった。しばらく住んだものの、結局ちゃんとしたベッドがあり値段も納得できるシェアハウスを見つけた。かつてはベランダで寝ていたこの大学生が、後に世界的なホテルグループのトップになるとは誰も想像しなかっただろう。

潘思亮は裕福な家の生まれだったが、幼い頃は母方の祖母に育てられ、その倹約にいそしむ性格に影響を受けた。例えば少年時代、学校から帰宅した後、夕食までに少し時間があった。彼は、葱油餅が好きで、卵焼きも付けてもらったほうがうまい。そこで彼はまず家に帰り卵を握りしめ、屋台の人にそれを渡していた。そうすれば、葱油餅の代金だけで、よりおいしい卵焼き葱油餅が楽しめるというわけだ。

二〇歳の時、計画どおり、バークレイ大学経済学科を卒業した。金融業界で働くため、彼はニューヨークのウォール街での就職を目標にした。そこで、まずはコロンビア大学のビジネス・スクールに入学した。その頃は、すでにファイナンシャルアナリストの資格を持っていたコンスタンスが働き、経済的に彼を支えた。潘思亮は二三歳でＭＢＡを取得、そしてそれと同時に結婚した。潘思亮とコンスタンスは、同級生の中で最も早くゴールインしたカップルである。卒業後、彼は志望どおりウォール街のクレディスイスのファーストボストン投資会社に就職した。世界のトップ企業に勤務し、同僚はいずれもアイビーリーグ大学のＯＢだった。潘思亮はそこで一生役立つトレンドを見極める目と的確な財務判断力を身に付けたのである。

彼の収穫はそれだけではなかった。潘思亮は人生で初めての自分についての気づきを得ることになる。若くして学生時代の夢をかなえ、世界で最も影響力のあるウォール街に身を置きながらも、彼はマネーゲームの中で自分を見失わなかった。給料は同窓生たちよりもずっと多かった。しかし、安く買って高く売り抜け、常により高い利益を求める金融の世界で、本当の楽しさを感じることはできなかった。自分は一生ただ金のために仕事をすることはできないと思ったのだ。そして、突然なにかを得れば、それに伴って必ずなにかを失うという道理を知ったのである。

潘思亮は生まれついての投資の名手で、リスクの時に買い、損切もでき、利益も得られた。実際、彼は四〇歳前後でかなり多くの財産があった。だが、物質への過度な欲望を持つことは好まなかった。この点は、仕事熱心で倹約家だった父潘孝鋭とよく似ている。

ふるさとへ戻る運命

一九九一年、リージェント台北では、新たな総裁を必要としていた。当初は、潘孝鋭の長男である潘思源が兼任していたが、中国大陸でビジネスに忙しく、実際にホテル経営に使う気力は残っていなかった。リージェント台北の会長でトンテックス（東帝士）グループの会長だった陳由豪は、潘思亮は財務も学んでおり株主の子息でもある、専門的な知識も向上心もある理想的な人選だと考え、潘孝鋭に息子を戻ってこさせるよう説得した。

もともとは父と同年代の人物からもたらされた任務に過ぎなかったが、それが潘思亮をふるさとへ戻す運命となった。当時、彼は妻コンスタンスに「すぐに（アメリカに）戻るよ！」と言っていた。だが、結局は中国語が一言も話せない妻も彼の後を追いかけ台北に住むことになった。二人の娘も台湾でアメリカンスクールを卒業してから、アメリカの大学へと進んだのである。

数年もたてば、潘思亮はその知性と才能でウォール街の富と地位を確固たるものにしていたに違いない。特に、その頃はアジア市場が台頭した時期だった。だが、潘思亮は人生の選択として心の声に従うことを選び、大部分の時間をマネーゲームに費やすことを拒んだ。彼は仕事の中に人生の意義を見出すことを必要としたのだ。

厳格に言えば、潘思亮は決してホテル業界の典型的なリーダーではない。ホテル経営者というよりは、バリューの共創者というべきだろう——彼が経営するのは、衣食住やショッピングが楽しめ、学びもあるプラットフォームなのだ。企業内部の価値のイノベーションと企業の外の価値の創造で、ホテルという箱を新たな形で展開し、より多くの可能性を引き出しているのである。

ここでルービックキューブを例に「ホテルという箱」という考え方を述べていこう。ルービックキューブは、ハンガリーの建築家エルノー・ルービックが一九七四年に発明した三×三×三の立方体で、一九八〇年代以降、世界で最も売れた知育玩具である。無数の名手が完全な形に戻すことに挑戦してきた。

空間は人々の好奇心を刺激するものである。ルービックが発明したルービックキューブは、当初空間の面白さを教えるためのものだった。巨大なルービックキューブでさまざまな色が隣り合っているように、ホテルという空間も、四〇〇種余りもの多種多様な業種とつながっている。ホテル経営は、見えない都市の運営のようなもので、基礎建設、空間のスタイル、サービスの体験、管理運営、イノベーションモデルなどさまざまなことに関わる。それは宿泊、飲食、宴席、リゾート、ショッピングなど生活の美学を探索する場所であり、旅行者とゲストに多様な文化をアピールするステージでもある。

このため、潘思亮の経営学を理解するには、ホテルを一つの超大型のルービックキューブ――人、時、地、物と共に、無限に変化する組み合わせを見せるもの――だと考えなければならない。

それによってその多くのイノベーションが理解しやすくなる。例えば、ブランド街の創出、ホテルの宿泊と飲食の要素を分離してさまざまな地域や商圏に「派遣」したことなど、台湾で初めての数々の試みをしてきた。SHG傘下のオリジナルブランドのレストラン、ホテルなどの事業体はいずれも、このモデルの再編成と価値の再構築という理念が貫かれている。

だが、一方で、「挫折」という言葉を検索すればルービックキューブの画像が出てくるだろうとも言われている。

潘思亮は、ホテルグループを経営する道のりにおいて、次々に現れる危機に直面しつつも、そのたびに再起し続けてきた。SHGは台湾で最も儲けているホテルグループで、長年安定した利益を上げているだけでなく、企業として驚くほどのしなやかさがあると賞賛されているのだ。

リージェント台北は、抗いようのない天災や人災に遭いながらも、やはり強靭な回復力を見せ、同業他社よりも秀でた業績をたたき出してきた。同時に、組織内部の共同学習を実施し、将来大きくはばたくための基礎作りなど、危機の中でも修練を怠らなかった。次から次へと訪れる回復と再編成で乱れたルービックキューブのように、ＳＨＧは常に新たな時代をスタートさせてきたのである。

人と企業はシンクロが必要

ＳＨＧが企業のしなやかさを有するにいたったもう一つのカギは、潘思亮が常に先頭に立ちながら、スタッフと共に作戦を練ることにある。時代に立脚できる企業は、企業家の成長と企業の進化がシンクロしているものである。企業家が企業の転換、超越を引っ張っていくのと同時に、自分自身も進化していくのである。

潘思亮はだんだんと経営の方法を知っていった。ホテルビジネスのほか、国際的な投資業界でも活躍し、友人たちに私的なファンドを募り、土地不動産、バイオ、ハイテク、レストラン産業などに投資した。彼は、ＣＮＢＣ、ブルームバーグなど権威ある海外メディアとつながったアジアのご意見番であり、またヤング・プレジデント・オーガニゼーション（ＹＰＯ）の各国の企業家が交流し意見を求める対象でもある。

任期が一六年にも及んだアメリカのスタンフォード大学学長のジョン・Ｌ・ヘネシーは、危機にあるリーダーは、洞察力、共感、勇気という三つのポイントを実感する必要があると指摘した。こうした特性は、潘思亮によって存分に発揮されている。

世界的にコロナ感染が流行すると、業績の約八五％を占めていた海外からの旅行客を失い大きな痛手を負ったが、潘思亮は当初からリストラしないことを宣言した。そして、リージェント台北をアーバンリゾートホテルに転換することに尽力し、国内市場を拡大した。彼は、逆風の中でもＳＨＧを前進させ、変化を成し遂げた。そのストーリーは、世界の同業他社にとって学びの対象となった。

ホテル経営は、一刻一刻、実にさまざまなニーズへの対応を求められる。その方針も現場で決定されることが多い。このため、潘思亮はかつてこう自らを評したことがある。「私はふだんあまり必要とされません。ただ、なにか危機が起きると、私が役立つ場が生まれるのです」と。

毎回の危機は潘思亮とＳＨＧにとって常に自己を転換させる内面的な旅であった。そして、それはまた向上の旅でもあった。内側へ向かう深み、向上が目指す高さが相乗効果を生み、パワーとなったのだ。

「私は、危機によって精神状態によくない影響を受けるどころか、逆にチャンスが来た！　と確信しました。皆がまた団結でき、チームの能力も向上させられるとわかっていたのです」。ＳＨＧの経営を通し、潘思亮は、「学習する組織」と「クロスオーバーなイノベーション」に興味を持った。ビジネスと人生は、変化に挑戦する情熱によって前進していくものなのだ。この世でもったいない二つのことは、「ぼーっとして時間を過ごすこと、危機をむだにしてしまうこと」だという。

リージェント台北は二〇世紀を走り抜け、二一世紀に入った。これまで大小さま

リージェント台北は、宿泊、飲食、宴会、リゾート、ショッピングなど生活の美学の場所で、さまざまなつながりにあふれている。またＳＨＧのイノベーションとクロスオーバーを象徴する、宿泊客に多様な文化を見せるプラットフォームでもある。

ざまな危機に遭ってきたが、それによって鍛錬され、文化的でラグジュアリーなブランドという方向へと歩みを進めてきた。また、変化を受け入れ、初心の変化と不変を考え、実際的な経営からSHG経営学を生み出し、幸運（福）と不運（禍）を抱き合わせた経営哲学——個々の対応は「わざ」、不変な部分は「道心」——へと昇華させていった。

ただ単にわざにばかり目をこらしていては、不変を守るという道心に欠け、目先の変更では、それを将来の変化へと転じることはできない。

経営から経営哲学へ、これは企業とトップにとって永遠の課題のようなものだ。それは、一人の人間が意義ある人生を生きるには、自分を深く理解する必要があることに似ている。それに、この理解は他者から得るだけでは足りない。自らが自己の本質がなにかを知る必要があるのだ。

危機は往々にして自己を深く知るヒント、閉鎖的な認識を打ち破るためのきっかけになる。この三〇年間、この企業は三回のきわめて重要な転換をしっかりと経てきたのである。

一度目の転換——保有資産を軽くし管理を強化

一度目の転換があったのは、一九九八年から二〇〇三年にかけての五年間である。

経営権の戦いと波のように押し寄せる世界的な経済危機の中で、潘思亮はリージェントブランドを経営する時代を迎え、台湾に保有資産を軽くし管理を強化する「アセットライトとヘビーマネジメントの経営モデル」のブームをもたらした。

陳由豪が創設したトンテックスグループは、リージェント台北が台湾株式市場に上場してまもなく、中国大陸での多くの投資案件がマクロ経済統制の影響を受け、資金的な問題に直面していた。この時リージェント台北の会長だった陳由豪は、リージェント台北にトンテックスの北京での投資案件を買収させようと考えた。二〇年あまり前、コーポレート・ガバナンスの概念は、台湾では未熟で、グレーゾーンである関係者間の取引がよく見られた。総裁だった潘思亮はもちろん断固として反対した。「私たちは、どんな時でも自分の会社を使った取引はしません。特にモラルに反することは、潘家がきわめて忌み嫌うことです」。

陳由豪は独断的だった。潘思亮が何度も取締役会で反対し、態度も軟化させないのを見て、ついにある日の取締役会で臨時動議として総裁解雇を提案した。この時には、潘孝鋭が強く反対し、取締役会では可決されなかった。しかし、潘思亮も長期休暇をやむなくされた。その時、独立監査役である黄宗仁は潘思亮に「忍耐」という二文字を送った。彼はそれを聞き入れ、妻子を連れてアメリカで休暇を過ごした。数カ月後、トンテックスは再び北京投資案件を提示した。この時、リージェント台北の取締役会で事実上、北京投資項目が撤回されたのである。その後、潘思亮はリージェント台北に戻ったが、陳由豪との経営理念の違いは心に強く残った。

二〇〇〇年、トンテックスグループに経営破綻の危機が発生した。当時、リージェント台北とトンテックスには台中グランドフォルモサというホテルが共同出資先として存在していた。銀行にとっては相互担保の関係にあり、ホテル運営自体は良好だったものの、両社はがけっぷちに置かれた。この時、三四歳だった潘思亮は、財力、実力とも自分より一〇倍以上も強大な陳由豪に対し、畏縮することなく、気持ちもぶれなかった。この問題をほったらかしにしておいたら、SHGはトンテックスの財政危機に巻き込まれていたに違いない。

従業員の生活のため、また父が創設したリージェント台北が巻き添えを食わないよう、潘思亮は外国資本と銀行を探し、すべての株券を抵当にし、市場価格の一三〇％の価格でトンテックスが所有するリージェント台北の過半数の株を購入（LBO、レバレッジバイアウト）、総額は約四〇～五〇億元に達した。これと同時に、リージェント台北が保有する五〇％の台中グランドフォルモサの株を、約一〇億元の半値価格でトンテックスに売却し、連帯保証の不安を払拭した。潘思亮の勇敢な判断がリージェント台北を存続させたことは、歴史が証明している。二〇〇一年、トンテックスグループは解散を宣言、負債額は六〇〇億元あまりにも上った。

しかし、トンネルの出口はまだ見えなかった。二〇〇一年、世界中を震え上がらせたアメリカ同時多発テロ事件が発生、これにより観光業も悪影響を受け、リージェント台北の株価は急落、株価が一〇元を切ったこともある。ローン用に二五元で株券を購入していた潘思亮は、ただ耐え忍ぶしかなかった。

二〇〇二年、彼は台湾の上場企業としては前代未聞の決定をした。それはリージェント台北の資本構造を調整するため有償減資をし、EPS（一株利益）と株主への配当率を上げたのだった。リージェント台北は数一〇億元もの内部留保があるが、投資効率がよくない、だからいっそ株主に還元したほうがよいという考え方だった。潘思亮の考えはこうだ。「リージェント台北は、保有資産を軽くするライトアセットへ方向転換したので、土地を購入しホテルを建てるための多くの資金が不要になった。もちろん貯め込んでいた資金を大々的に再投資することも可能だが、再投資をして専業に勝てるわけがない。それよりも本業のホテル経営に専念し、株主にお金を還元し、彼らに自分で投資してもらったほうがいい」。五割を有償減資し、株式資本は約四三億元から二一億元に減った。また、これによって台湾株式市場において、黒字経営でありながら有償減資をした初めての上場会社となった。台湾では、それまで有償減資を行う上場企業はすべて損失によるものだったのだ。リージェント台北の財務部長だった林明月は、金融管理委員会に書類を提出する際、経営を保障する証書を要求されたという。

同時に、潘思亮は、従来のホテル経営の考え方を大きく変えたいと思い、ブランドの経営と管理面に焦点をあてつつ、新たなホテルの建設は行わなかった。このため、まず株式資本を半分に減らして「軽く」し、その後に「ヘビーマネジメント」の方向へと向かった。

リージェント台北の減資戦略が功を奏し、株価にもそれが反映して、安定して値上がりした。まさにどん底を抜け、すべてが正常な軌道に戻ったと思われた。が、二〇〇三年には、ＳＡＲＳ（重症急性呼吸器症候群）が発生した。それは二一世紀に入って初のパンデミックだった。リージェント台北の収入はあっという間に五割以上も減った。

難題がなければ知恵も生まれない。時に、「悪い」ことが最終的には「よい」結果をもたらすことがある。それを実現するには、危機を変化のきっかけにすることである。

ＳＡＲＳの中で生き残るため、スタッフはホテル経営の枠を超え、ホテルの外に活路を見出した。客室部門では、個別オフィス業務でのニーズに狙いを定め、客室をレンタルオフィスに改造し、さらに五つ星ホテルのプロフェッショナルな清掃設備で、住まいをしっかり清掃するハウスクリーニングのサービスを開始した。料飲部門では、五つ星ホテルのグルメをデリバリーした。これらによってリージェント台北は二〇〇三年、年間を通じて赤字にならずにすんだのだ。(注)

館外でのサービスの経験ができると、リージェント台北は二〇〇五年からホテル館外のレストラン事業を開始、さまざまな国の料理ブームを牽引した。例えば、日本料理のブッフェレストラン「WASABI」、タイ料理の「スパイスマーケット」、庭園式披露宴会場「ガーデンヴィラ」などである。二〇〇八年に国立故宮博物院でオープンした故宮晶華（シルクスパレス）は、飲食の実力を活かし、文化に富んだ創作料理を生み出した。また一方で、優れた人材が力を発揮する舞台となり、SHGの上級管理職、ホテルの総支配人も館外レストランで切磋琢磨することとなった。

こうした多角的なとらえ方は、SHGが堅持している「思いやり」の道——お客様がいらっしゃれないなら、自分たちが行けばいい——にその根源がある。思いやりはまた太陽系の太陽のようにグループの中核的な精神となっている。

（注）二〇〇六年、リージェント台北は再度、有償減資を実施し、一株につき株主に七・二元を還元し、株価は一〇〇元を突破した。この企業は、黒字企業でありながら、有償減資で営業効率を高めた成功モデルであり、台湾市場の手本となり、中華電信、全国電、国巨、台湾大哥大、瑞昱など台湾の他の企業も財務体質強化のためにこれをまねた。

二度目の転換——台湾人がリージェント・インターナショナルを買収

現在、世界のホテル業界において「スティーブン・パン（潘思亮の英語名）」は実に有名である。彼は、国際的なトップクラスのホテルブランド「リージェント（Regent）」を買収した史上初の中華系企業家なのだ。

二〇〇八年の秋、多くの投資家が不吉な兆しを感じていた。アメリカ第四の投資銀行であるリーマン・ブラザーズ破産後の不景気の中、サブプライム住宅ローン危機で実に悲惨な金融危機と株価暴落が起きた。それは、つながりのある経済体に急速に波及し、世界を巻き込む金融危機となっていった。

その年、潘思亮は、オリジナルブランド「シルクスプレイス」を創設、翌年にはまた宿泊に特化した低価格のホテルブランド「ジャストスリープ」を創設した。この二つの命名はいずれも潘思亮のインスピレーションによるものである。シルクスは、東西文化の交わる「シルクロード」から取り、文化性を強調することにポイントを置いた。ジャストスリープは、旅行者が最もこだわる「ベッド（Bed）、バスルーム（Bathroom）、朝食（Breakfast）」の３Ｂに特化したもので、便利で快適、ハイテクを強調した、このホテルならではのおもてなしが享受できるというコンセプトである。

フォーチュン・グローバル五〇〇に名を連ね、多くのホテルブランドを有するカールソン・カンパニーズは、リーマンショックの後、リージェントブランドを売却したがっていた。この千載一遇のチャンスの情報を得ると、潘思亮はすぐさまそれを買収したいと考え、ＪＲＶ（吉瑞凡）社の代表取締役で、現ＳＨＧの取締役である王栄薇に電話した。王栄薇は、潘思亮にとって知恵にあふれた女性であり、彼のホテル経営での二番目のご意見番だった。王栄薇は、電話で話を聞き終わると、諸手を挙げて賛成し、ＳＨＧを国際的なホテルブランドにするタイミングを逃すべきではないと勇気づけた。

この決定を後押ししたもう一つの理由は、リージェント台北の二〇年間のライセンス期限が二〇一〇年に切れることだった。二〇〇八年、すでにシルクスとジャストスリープというオリジナルブランドを創設してはいたが、リージェント・インターナショナルを所有できれば、SHGのミッション――世界の最もよいものを台湾に、台湾の最もよいものを世界に――をより着実に行うことができる。企業も、真の意味で国際舞台に躍り出て、世界的なホテルグループへと成長できるのである。

機密漏洩を防ぐため、彼は秘密裡に特別チームを立ち上げた。当時、財務部に所属していた姪の潘芝儀に声をかけ、さらに以前カールソン・カンパニーズの開発担当副総裁を務めたビル・シップルを顧問に据えた。同時に、全行程において海外の弁護士チームを雇った。これは、一つには情報の漏洩を防ぐためであり、二つには台湾では国際的なM&Aの経験のある人間がいなかったためである。買収するものはブランド商標と特許権だが、これは一七のマネジメント契約をすることに等しかった。数千ページに及ぶ契約書の言葉一つ一つに注意が必要だった。機密保持条項の内容だけでも、一週間ものやりとりが必要で、明け方の電話会議でアジア、アメリカ、ヨーロッパの三カ所をつないだ話し合いが幾度となく行われた。

対策チームの三人は、二〇〇九年六月から半年間に及ぶ入札、提案、説得、協議を経て、数々の困難を乗り越え、第一ラウンドの二〇の国際競争者から、第二ラウンドの五つの候補者に選ばれた。カールソンはその五つのバイヤーに、リージェント・インターナショナルの今後の展望と計画を求めた。会議の場所はリージェントベルリンが選ばれ、五つの候補者が同じ週にプレゼンテーションをすることとなった。潘思亮と争ったのは、リッツ・カールトン（その後、マリオット・インターナショナルに買収される）、マンダリン・オリエンタル・ホテルグループ、インターコンチネンタル・ホテルズグループなど世界的な大手ホテルグループである。潘思亮とビル・シップルはベルリンへと飛び、自らプレゼンテーションをした。そして、インターコンチネンタル、ドバイのバイヤーとともに第三ラウンドの決勝戦に入ったのである。

この経験で、潘思亮は世界に立脚するブランドこそが強いことを知った。たとえ売り手側であろうと、彼らが選択権を有しており、買い手側が提案、プレゼンテーションするのである。第三ラウンドに入ると、カールソンはインターコンチネンタルとリージェント台北と同時に売買契約の各条項の話し合いを進めた。項目ごとに勝者を決め、最後に合計ポイントの高いバイヤーが選ばれる仕組みだ。

そして一年が過ぎ、潘思亮は自分が入手できると確信してはじめて、財務部の林明月にこの国際的なＭ＆Ａについて告げた。カールソンが売却先を決定して三カ月以内に、リージェント台北は資金調達、デューディリジェンス（企業がなすべき努力や注意事項、ＤＤ）を完了させ、ブランド登録の有効性を確認しなければならない。例えば、リージェントの商標は九八の国で出願されており、四〇〇種もの登録がされていた。そのほか、複雑で細かい国際的なM&Aの準備も必要だった。

二〇一〇年六月、台湾側から米ドルで五六〇〇万ドルが支払われ、リージェントの買収が完了、ヨーロッパ、アジア、アメリカ、中東など、建設中のものを含むマネジメントの契約を締結した一七の世界各国のリージェント・インターナショナルのホテルを引き継いだ。これによって、SHGはアジアのシンガポール、モルディブ、バンコク、バリ島、ヨーロッパのベルリン、ザグレブ、ボルドー、アメリカのプエルトリコ、タークス・カイコス諸島、中東のアブダビ、ドバイなど世界の各都市に拠点を有することになったのである。

このほか、SHGの版図は陸から海にも広がった。多数の受賞歴を有するリージェント・セブンシーズ・クルーズのブランド特許権も手に入れたのだ。このクルーズは、中型船の六つ星クラスのラグジュアリーなクルーズで、きめ細やかなおもてなし、夢のような船旅で特に有名だった。二〇一三年には、新台湾ドル六千万元の一回性のブランドのライセンス料で、船会社がリージェントブランドを使用してクルーズビジネスを経営するライセンスを独占的に取得した。

SHGがリージェント・インターナショナルの新しい主となったことは、世界的なホテルブランドのM&Aをした台湾初の事例となった。その成功の大きな理由に、潘思亮の「思いやり」のプレゼンテーション戦略がある。彼は、カールソン・カンパニーズに対し、ＳＨＧこそがリージェント・インターナショナルの経営のバトンを受け取るに最もふさわしいと述べた。なぜなら、リージェント台北はもともとリージェント系列であり、そしてリージェント・インターナショナルの全ホテルの中で、リージェント台北の運営効率と収益力が最も高かったからである。さらに、ＳＨＧが買収したあかつきには、リージェントは同グループの中で「大切な一人娘」として扱われると語った。大規模なホテルグループのブランドの一つになるわけではないのだ。「唯一の宝物だからこそ、リージェントのブランドバリューをしっかりと守れるのです」。

僅差の入札競争で、潘思亮は「娘を嫁がせる」ような相手の心情をつかみとり、その目線からブランドを大切にすると保証した。どんな約束よりも、これが「花嫁の父」の心を強く打ったに違いない。

リージェントを手に入れたその瞬間から、ＳＨＧと潘思亮の「ワールドカップ」が本格的にスタートした。まずは、リージェント・インターナショナル総本部を台湾に設置、ここから、ＳＨＧの各ブランドのビジョンをピラミッド型にとらえることが可能になった（図１）。上から下の順番で、五つ星を超えるラグジュアリーホテルのリージェント、文化をテーマとした上品なシルクス、ブティックホテルのスタイルのジャストスリープと、ラグジュアリーさ、上品さ、プライスと、市場をオールラウンドに満足させることが可能となった。これらのブランドは世界と地元の双

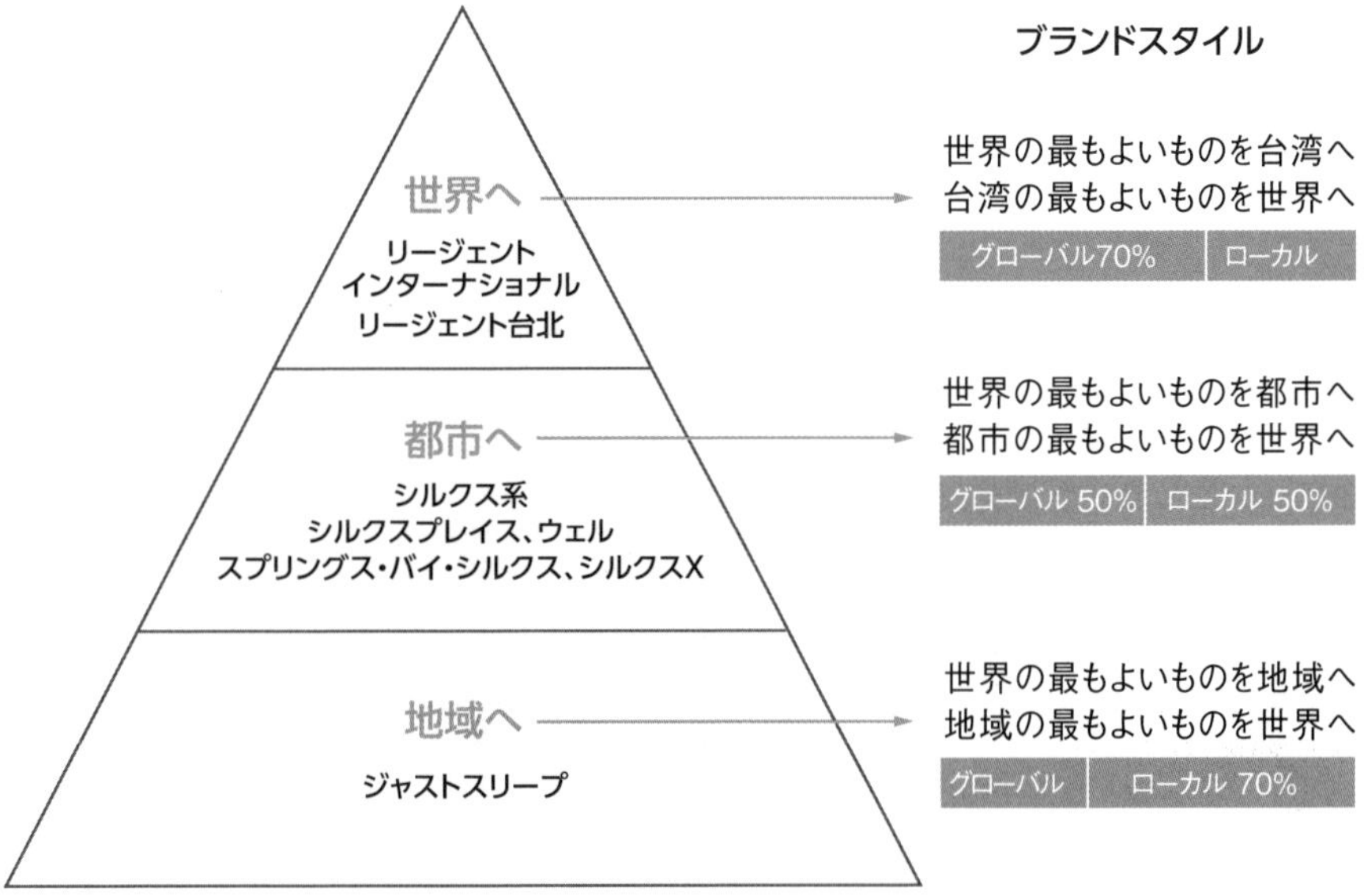

図1．SHGのブランドビジョン

方にアピールしながら、それぞれが個性を輝かせているのである。

言わば、ＳＨＧを世界的ブランドにする新たなページを開いたのが、二〇〇八年から二〇一八年までの二番目の転換の旅だったのだ。

グローバル戦略――シングルとダブルスの同時進行

ただ、たとえどんなに優れたグローバルチームがあっても、トップ同士が直接顔を合わせる必要はあった。リージェントは、どの国のオーナーも世界的な富豪である。ほぼ八年間、潘思亮は頻繁にリージェントホテルが所在する国を訪れ、各国の実力者であるオーナーたちと渡り合い、富豪の贅沢な生活や世界を知ることとなった。だが、空を飛び回る日々は、彼を極度に疲弊させ、健康やバランスの取れた生活を奪った。そして、経営効果もきわめて厳しいものとなった。

原因は三つある。一つは、リージェント・インターナショナルの海外展開へのネットワーク構築のため、毎年数百万ドルのコストが必要となったことである。これは海外拠点の規模が二〇ヵ所以上でないと、採算が取れない。二つ目は、リージェントベルリンの問題である。このホテルは、総本部が高額の賃貸料を負担する必要があり、収益も自給自足に足りず、毎年平均で二〇〇万ユーロの赤字を出し、他のリージェントホテルの収益を食いつぶしていた。三つ目には、ブランドマネジメントである。現地駐在ではなく、担当者が出張する形で行い、ブランド総本部の役割を効果的に発揮できなかった。

国際市場へのデビューが一つの旅であるなら、世界的なブランドになることもまた別の旅である。世界へと出て行った台湾企業は数えきれないが、本当の意味で注目されている世界的なブランドは少数である。総本部は国際市場の視点を持たなければならず、企業は、オリジナルブランドの経営とグローバルなブランドの経営を並行して行わなければならなくなった。

八年近くは、SHG一社のみの「シングルス」での戦いを続けたが、二〇一八年、潘思亮はふとしたきっかけから、イギリスのインターコンチネンタル・ホテルズグループと提携することを選び、グローバルブランドの「ダブルス」を結成した。彼は、三九〇〇万ドルで、所有していたリージェントブランドのリージェント・ホスピタリティ・ワールドワイド（RHW）社の五一％の株式をインターコンチネンタル側に売却した。一方、インターコンチネンタル側は、赤字だったリージェントベルリンを買い取り、リージェント・インターナショナルの海外運営の責任を負うことになった。いわば、海外のチームを普通とは違う形で雇ったようなものだ。

これは、潘思亮が世界的なブランドを展開する際の新しい戦略だった。双方の優位性を合わせ、国際市場はインターコンチネンタルが担当し、SHGは台湾市場の経営に専念することになったのだ。また、SHGは、世界のリージェントホテルのライセンスフィー、リージェント・レジデンスの販売など海外でのライセンスによる収益があった。ホテルサービス業の特色は、接客といったフロントヤードの部分では大きく異なるが、バックヤードのシステムに必要なリソースは似たようなものである。この戦略によって、ＳＨＧはインターコンチネンタルが運営しているプラットフォームに加入できるようになった。さらに、全世界的に広まっているインターネットでの客室予約システムなどは、自社で開発コストを投入する必要がなくなった。実際、インターコンチネンタルが有する五千軒もの規模の経済効率は、まねしたくてもまねできない。海外のインターネットのバックヤード開発コストを節約できたことで、ＳＨＧはサービスマネジメントとイノベーション力という強みを伸ばすことに専念できたのである。

これによって、ＳＨＧはＯＢＭ（自社ブランドによる製造）の時代に突入した。将来的なビジョンがよりフレキシブルになり、「シングルス」で実力が発揮でき、ホテルブランド経営に専念できるようになったのだ。またリージェント・ポルトモンテネグロ、ベトナムのフーコック島のホテルとレジデンスを合わせた成功モデルを参考に、台湾で「ホテルのおもてなし精神」を有したホテル式レジデンスとビジネススペースといったアイテムをそろえ、精緻なライフスタイルの提供を目指すこととなった（第八章参照）。また、時にはインターコンチネンタルと「ダブルス」をすることもある。例えば、将来的なことだが、リージェント香港（インターコンチネンタル買収後は、インターコンチネンタル香港）が二〇二三年によみがえり、リニューアルオープンを果たす。また、インターコンチネンタルという強大な戦略パートナーは、グループの姉妹ホテルの海外発展と客室予約業務のエネルギーを引き上げてくれたのである。

三度目の転換――再生とデジタルへの転換

三度目の転換は、二〇二〇年から全世界を襲った新型コロナウィルス感染症である。同年一月、まさにリージェント台北が三〇周年のイベントを準備している時、喜びもつかのま、その翌月突然にオープン以来最大の経営危機が訪れた。入国規制によって、ホテル業の海外旅行客の市場が消滅したのだ。

ＳＡＲＳの時、リージェント台北には警戒を示すシステムが設定された。黄色は収益が二五％減少、赤は収益が五〇％まで減少したことを示す。コロナでは、リージェント台北の最大の収益源である客室と宴会が直接ストップし、ずっと赤になった。日々国際ニュースの動きを追っている潘思亮は、これが半年で落ち着いたＳＡＲＳの新バージョンではなく、前代未聞の危機――人類の生命と企業存続を危険にさらす大災害――となることをすぐに予感した。

このため、彼はただちにリストラしないことを宣言し、まずは従業員の心を落ち着かせた。対外的には、この産業のために政府に関連の従業員の給与と教育訓練の助成金の給付を求めた。リージェント台北はまた率先して厳格なホテル感染予防用SOPを定めた。これは後に、台湾の全ホテルの参考として台湾政府に採用された。内部においては、自ら「転換（Transformation）学習長」を担当し、「学習する組織」を目指すプロジェクトをスタート、会社内部でさまざまなコースを開設し、従業員が多様な収入源を作れるよう、新しい能力と共同創作の考え方を学ぶチャンスを作った。どの従業員も一二〇時間の授業を受けることを決め、部門やホテル、年代の垣根を超えた学びを求めた。

リージェント台北は、海外のビジネス客のニーズに応えたホテルから、アーバンリゾートホテルへの転換を目指すことになった。その中で、年間七九ものマーケティングプロジェクト（採用されなかったものや予備のものを除く）を実施した。そのスピードと数は、過去の一〇倍であり、プロジェクトのコンセプトはまた同業他社がすぐに追随するものとなった。

このほか、潘思亮や上層部が毎週月曜日、オンラインで「リージェント・トーク」という講義を開講した。これはトークの形式で組織の知恵を継承しようというものだ。「ホテル運営のエネルギーを維持するため、私たちは非常に多くの有意義な変化をしました。それはまるで新しいホテルをオープンしたかのようでした。また、学校を創立したいという私の長年の夢も思いがけずかなえられたのです」。三〇周年が再生元年になるとは誰が予想しただろうか。だが、潘思亮は、豊かな収穫が得られたと感じている。「また危機に遭遇しても、私たちはそれに対応し、さらによりよくできる力があります」。

しかし、その言葉からまもない二〇二一年五月、変種ウィルスが登場し、急速に広まった。台湾では緊急に、警戒レベルが三に引き上げられた。観光ホテルと飲食業はそのあおりをまともにくらった。店内での飲食が禁止されると、「ロックダウン」さながらに、リージェント台北は九割の収益が消失する絶望的な危機に直面したのである。

この時、潘思亮はすぐさま、SHGの金の卵を産む鶏だった台湾ドミノピザをオーストラリア最大のピザチェーンであるオーストラリア・ドミノピザに売却することにした。それによって一七億元の現金を得られ、従業員の雇用と株主の利益を保障できる。貯めてきた資金で厳しい時期を乗り越えることにしたのだ。

「売れるものはすべて売って、一カ月で一億元の損失を出す心構えもしました。これまで会社が稼いだ金、蓄積してきた資産は、危機の時にこそ従業員に還元すべきものです。最大のリソースは人です。人がいさえすれば、他のものは取り戻すことができます」。彼の人への義理堅さによって、従業員が自主的に動く高い効率性が得られたのである。

心を一つにしてあたったことで、チームは三日間で、リージェント台北の館内外のレストランの料理をオーダーできるサイト「テイク・リージェント・ホーム」の公開にこぎつけた。これによって、数十種もの作り立ての料理がドライブスルーでのテイクアウトやデリバリーで利用できるようになった。同時に冷凍、常温のギフトセットの販売も登場させた。これは、コロナによりニーズが高まった内食需要を満足させるためだった。たった一ヵ月のうちに、潘思亮が五年間もやりたいと言っていたデジタルへの転換を果たしたのである。

「実際、私たちは何が重要かを知っています。ですが、目に見える明確な緊急性がなければ、その順番をずっと後回しにしがちです。危機の時にこそ、逆にずっと重要だと思っていたことができるのです」。もともと警戒レベル三での全体的な業績は、八割の大幅減収と厳しい赤字が予測されていたが、結果的には、六月は六割減にとどまった。その一方で、テイクアウトは予測の二倍の成長となり、その月のうちに損益のバランスを回復させた。ECサイトでの発売開始日の収益は一〇万元ほどだったが、一ヵ月のうちに一日の収益が二〇〇万元近くにまで上った。

「これはまさに『天は自ら助くる者を助く』の奇跡です。私自身、ビジュアル・ディレクターを担当し、提案もして、スタッフと一緒に新商品の提案、マーケティングの詳細などを検討しました」。何度も危機と戦い、潘思亮は気づきを得た。それは、この世の万物は、老子が言うようにすべて禍と福がよりそっているもの――禍福相倚――なのである。変化が事物の天性であり、この世のすべてのことは誕生と滅亡があり、未知と不確実性があることがわかれば、危機は変化のきっかけであり、新しい考えだけが奇跡を創造できることも理解できるようになる。

「人とは、もともとあるものを失ってはじめて、なんとかしようとするものです。国家でも企業でも、個人でもいいのですが、私は、時にはリセットやリニューアルが必要だと感じます。私はチャレンジが好きです。チャレンジしさえすれば、力が湧いてくるのです」。潘思亮は、学びを強く好む星に生まれたに違いない。彼はまた危機から企業経営と人生の意味——人を第一とし、思いやりを持ち、他者を立てることの大切さ——をつかみとった。

未来へ向かう力がある人間は、必ず変化の旅を経験する。アイディアは、まるで種のように行動の花を咲かせ、その後に「境遇」という果実をつける。境遇の本質が理解できれば、思いを通じて禍福が決まる。こうした形を通じ、だんだんと物事がクリアになり、変化し、また実を結ぶ……。

そして、より多くの新しい道がそこから始まっていくのだ。

AVAKIAN
AVAKIAN

ビバリー・ウィルシャーは、リージェント台北と同じく1990年にオープンした（当時の名称はリージェント・ビバリー・ウィルシャー）。ここでは、ジュリア・ロバーツとリチャード・ギアが主演した映画『プリティ・ウーマン』が撮影され、リージェントは国際的なスターに愛されているというブランドイメージを確固たるものにした。

第一章　禍福相倚を知る

私は、多くの人に変化を感知する能力があるのを見てきた。違いは、変化を見た後の考え方とやり方だ。不足があれば、変化は危機となる。

生き抜くための道

古代ギリシャ人は、「汝自身を知れ」という言葉をデルフォイのアポロン神殿に刻んだ。これは、人間にとって自分自身を知ることが、人生の重要な使命だと教えてくれるものだ。

企業経営と人生を語るなら、私が刻みたい言葉は「禍福相倚を知れ」である。なぜなら、何事も禍福相倚——禍と福は互いに寄り添っているもの——だという理解こそが、三〇年間の経営における「生き抜くための道」だったからだ。

どの経営者にも自分の主軸となる思想がある。老子の『道徳経』は、私がどん底を抜け出すための心の良薬だった。最も重苦しかった数年間には、実にさまざまなことがあった。経営権の防衛戦、借金をして企業を引き受けその借金返済のために奮闘したこと、世界的な経済危機をもたらしたアメリカの同時多発テロ、ＳＡＲＳ、二五元で買った株式が一〇元以下に暴落した時……。焦りや不安で頭がいっぱいになり、どうしようもなくイライラし、私の毛髪量は、まるで長いタイムトンネルを抜けたかのようにだんだんと薄くなり、三〇代にして自分でも老けたなと感じるほどだった。

幸い、私は老子に出会った。一冊目の本は、馬以工教授にいただいた朱邦復著『老子止笑譚―人工知能の立場から道徳経を再読する』だった。繰り返し読み、その意味をかみしめることで、この世の出来事にそれまでとは違った受け止め方ができ、自分の疲労感や不安も解消できるようになった。

プレッシャーが最も強かったのは、一九九八年前後の二年間だ。戦うか戦わないか悩み、自分の選択を疑い迷った時、老子は私を癒してくれた。さまざまな駆け引きや手段よりも、「水は万物をよく利する」という無私の教えが大きな力となり、人生のヒントとなった。私は、無為、致柔、止争の因果関係を知り、物極必反――物事は極まると必ず反対方向に転じるものであり、人の道が天の道に合っていれば、暗いながらも明るいという根源に到ることを知った。深刻な脅威に直面しても、私はそういう時こそ品格の重要性や善良さを信じ、正しい道を歩み続けられた。

企業家として三〇年あまり、若い頃から壮年時代までの人生を過ごし、成長していくうちに、禍福相倚は経営の本来的な状況であり、客観的な規律なのだと深く感じるようになった。老子は「禍は福のよる所で、福は禍の伏す所である。誰かその極限を知る者がいるだろうか?何が正しいかはない」と述べている。これは、福は禍に寄り添っており、禍は福の中に隠れているという意味だ。それが禍か福かは、誰も知らないし、確固たる正解はない。禍と福の相互依存を理解することこそ、まさに状況転換のカギなのだ。

なぜ置かれた状況の転換がそれほど重要なのだろうか？多くの人は、物事は常に変化するのだから、変化をコントロールしようとするのは、卵で石を割ろうとするようにばかげたことだと言う。だが、本当にそうなのだろうか？

確かに、変化がない所はない。危機も常にタイミングを見て突然発生する（心の準備がないからこそ危機なのだ）。私は、多くの人に変化を感知する能力があるのを見てきた。違いは、変化を見た後の考え方とやり方で、不足があれば、変化は危機となる。現実世界の中には、あまりに多くの実例があるのだ。

禍福相倚の結界をみきわめる

境遇を変化させるには、禍福相倚の「結界」を見定めることが大切だ。結界は仏教から出た言葉で、神聖な領域と俗世の二つの異なる世界の「界」が一つに「結」び合わさ

図 2. 太極図は、陰陽という二元が交わる
(Harmony of opposites)。

環境は、成功や失敗をもたらすものではなく、人や企業にその本質を見せ、変化のタイミングをつかませるものである。（写真は、シルクスプレイスタロコでの一枚）

ることを意味する。建築の場合には、分けられた二つの空間が接している所を「結界」と言う。禍福相倚の結界は、まるで古来の易経の教えである太極図（図二）のようだ。白は陽、黒は陰を表し、白い半円には黒い点が、黒い半円の中には白い点がある。この二つの点は循環する陰陽よりずっと面積が小さい。だが、この二つの点があることで、陰の中に陽があり、陽の中に陰を持つ。

中には、曲線によって分かれた黒と白の塊が一つの円の中にいる二匹の魚のように見えるという人もいる。二匹の魚はそれぞれ相手の色の眼を持ち、互いに包み合い、寄り添い合う。二匹の魚の眼はまたそれぞれ二つの円となり、古い物事の中に新しい物事が含まれていることを象徴しているというのだ。こうした面から禍福相倚を考えれば、福の中にまた禍の発端が含まれており、なにかの条件によって悪いものがよい結果をもたらしたり、よいものが悪い結果を引き出すと言える。これは私の危機に対する考え方でもある。

私が太極図を好む理由は、こうした二元性の交わりがより深い知恵を生み出すことができるからだ。二元性の間に一拍置くことができ、新しい可能性が広がっていると感じる。それは、まるで水墨画の余白、枯山水の庭園で見られる白砂と岩の間の何もない部分のようだ。なにもないからこそ、そこに最も目が引かれるのである。

ホテル経営でのブランド哲学を深める時、私は二元性の交わりの考え方を多く用いた。例えば、ＳＨＧは流行を重視しながらも、快適さを強調する。豪華さは五つ星ホテルの要素だが、私たちが表したいのは曖昧さの中に光を含んだ、シックな豪華さだ。ホテルはサービス業だが、私たちはそれを文化産業ととらえている。そのため、ＳＨＧはグローバル化しながらも、ホテルのある地域の文化に深く入り、クラシックな中にイノベーションを取り入れている。

具体的には、世界クラスの峡谷の風景と台湾の原住民文化が共存する場所にあるシルクスプレイスタロコ、古都の生活感とモダンの共創であるシルクスプレイス台南などが挙げられる。それらが与える「スロー」な時間は非日常的なものだ。一つは東台湾の自然がもたらすゆったり感であり、もう一つは南台湾の街並みののんびりした雰囲気である。後に、私は二元性の交わりの思考を一二のキーワードに統合し、伝統とイノベーションの矛盾を解消した。これについては後述させていただきたい。

得ることが福とは限らず、失うことも禍でないかもしれないなら、今現在が福か禍かをどうやって知ることができるのだろうか？　もしこの考え方で結果を判断するなら、当初出会った禍は、吉とみるべきか、それとも凶とみるべきなのだろうか？　ホテルは、多くの産業の中で経済の起伏を最初にもろに受ける産業であるため、私は数多くの無常を体験してきた。そして、環境は、成功や失敗をもたらすものではなく、その人に自分の本質を見せるものだということを知った。

だからこそ人は進歩と成長がある。ある境遇で出会った人生の課題から学べば、自分を変える目線が得られ、境遇もそれにつれて相対的に変化する。この変化のプロセスでは、心がしっかり安定していなければ、自分を保ち続けられない。心が定まっていれば、運命の流れを感知し、起こったすべてのことに意義を見出し、危機をむだにせず、変化のタイミングをしっかりとつかみとれるのである。

ＳＨＧは二〇〇七年以降、ＯＤＭ企業からＯＢＭ企業となり、いくつかのブランドを開発した。私たちはイノベーションには優れているが、数十、数百もの店舗を有するような大規模なチェーン展開は得意とするところではない。一方で、レストランのチェーン展開を進めるため、二〇〇七年には台湾ドミノピザを買収し、チェーン経営の実務経験を蓄積してきた。一〇数年後、台湾ドミノピザの経験は、ＳＨＧが二〇二〇年に発生したコロナ禍での生き残りを助け、デリバリーサービスとデジタルへのスピーディーな転換を可能にしてくれた。

禍が福を達成させる可能性

なぜ不景気の時も断固としてイノベーションが継続できたのだろうか？前に述べたように、境遇を変化させるには、禍福相倚の結界である「魚の眼玉」を見極められなければならない。ある一定の条件の下で悪いことがよい結果を引き出せるなら、禍は福を達成するための前提と言えるのではないだろうか。

グループが成長すれば、当然株価もそれを追いかける。ある年には、市場で最も高い株価も記録した（その時は確かに過熱していたが）。私は従業員に、株式市場はこういうもので、上げ下げも瞬間的なものだと述べた。ウォール街で洗礼を受けた私は、材料が一時的なものに過ぎないことを早くから知っていた（実際、アメリカの同時多発テロの時には、株価は暴落した）。

未来への道をたゆまず前進し続けなければ、企業は永続しない。

私が経営を引き継いだ後、ＳＨＧの現在までの一株当たり利益（ＥＰＳ）はずっとプラスで、配当も安定しており、私が自分に課した長期的な株主と従業員に対する基本ラインは保てている。私が追い求めるのは、長期的に安定した健全な経営である。景気がいい時は常に急落の可能性にアンテナをはりめぐらせ、危機の時には恐れずにチャレンジすることが必要である。なぜなら、そこにこそ成長のきっかけがある（これがなにより重要だ）からだ。

「福」禍相倚――人生の無形のコスト

禍福相倚は、現在の禍が次の福をもたらすかもしれないという意味であり、その逆もまた真である。私自身のリージェントブランド経営での実例を挙げてみよう。リージェント・インターナショナルというブランド・ライセンスの買収という「福」は、実際にはコスト面での多くの悩みを増やす「禍」でもあった。また、「福」禍相倚を経て、やっと気づいたことがある。それは、人生には、「悩み」や「健康問題」、最も貴重な「時間」など多くの無形のコストがあるということだ。

二〇一〇年に買収したリージェント・インターナショナルには当時、世界各地に一七のリージェントホテルと四隻のリージェントクルーズブランドのライセンスがあった。こうしてSHGは台湾で初めて、五つ星ホテルブランドを有したホテル企業となり、多くのメディアに「台湾のほまれ」だと称された。その後は、もうライセンス料を支払う必要もなく、さらにリージェントブランドの発展と全世界のリージェントホテルの管理を統率することが可能になったのだ。世界各地に加盟したい新しいオーナーがいれば、必ず私たちとのライセンス契約が必要になった。はっきり言えば、それまで「雇われ人」だった私たちが、それ以降はブランドの「主人」になったのである。

もう一つ、ブランド継承に有意義だったのは、リージェント買収後、リージェント・インターナショナルの創始者ロバート・H・バーンズにグループの会長に就任してもらったことだ。その目的は、リージェントのルーツを求め、グループに一〇〇％のリージェントDNAを注入したいと考えたからだ。ロバートは、二〇世紀のホテル業界でのレジェンドである。一九七〇年代、日本の東急グループと合弁でリージェントを創業、その後、エイドリアン・ゼッカとジョージ・ラファエルを加え、三者がタッグを組んで、エレガントでモダンな東洋と西洋の文化的な美学とおもてなしの精神を融合させ、現代的なラグジュアリーと快適さの極致とはなにかを具現化した。

ロバートは答えを保留し、まずはリージェント台北を見てみたいと言った。彼が訪れた時、フロントの従業員は彼が誰か知らなかった。ただ、目の前にいるこの黒いTシャツと長ズボンをはいた金髪のお客様が、ジョルジオ・アルマーニに似ていると思ったという。実際のところ、私は自信があった。彼はホテル内を見回った後、うなずいた。なぜなら、リージェント台北の当時の設計やデザインの多くは、リージェントのフラッグシップであるリージェント香港をオマージュしたものだからだ。

リージェント香港は1980年にオープンした後、真の意味でリージェントを世界トップクラスのホテルへと押し上げた。連続10年間、世界一のホテルを受賞し、業界でも新しいラグジュアリーホテルのサービスのモデルとして認められた。リージェント香港の再生もまた潘思亮の夢の一つだった。

一軒目のリージェントホテルはハワイに建てられたが、真の意味でリージェントをトップクラスのホテルへと押し上げたのはリージェント香港だった。このホテルは、一九八〇年にオープンした後、世界ベストホテルなど多くの国際的な賞を何度も受賞した。また、業界でも新しいラグジュアリーホテルのサービスのモデルとして認められた。リージェント香港のオーナーである新世界グループは、一九九九年のアジア金融危機の影響で二〇〇〇年にこのホテルをインターコンチネンタル・ホテルズグループに売却した。インターコンチネンタルが引き継ぐと、インターコンチネンタル香港と改名され、グループのフラッグシップホテルとなった。そしてその後の二〇年間、インターコンチネンタルに世界で数百ものホテルとの契約を呼び込むこととなった。

これがフラッグシップホテルの比類なき魅力である。ホテルグループ傘下のすべてのホテルにおいて、世界の一流都市にあるフラッグシップホテルこそが、五つ星ブランドの地位を確立できるのである。

あまり知られていないかもしれないが、世界がうらやむアマンとマンダリンは、いずれもリージェントと同じ流れを汲んでいる。リージェントのシックな豪華さ、シンプルなエレガンスは、この二つのブランドの中に溶け込んでいるのだ。ジョージ・ラファエルは一九八六年にトップクラスのラグジュアリーなラファエルホテルを創業し、二〇〇〇年にはマンダリン・ホテルズグループを買収した。私が高く評価しているアマン・インターナショナル・ホテルズグループは、エイドリアン・ゼッカが一九八八年に創業したものだ。彼は、どのアマンホテルも自然と溶け合った隠れ家のような、芸術品のように創り上げている。ロバートの当時の二人のパートナーは、リージェントで修業を積んだ後、自分のブランドを立ち上げ、業界の伝説となったのだ。

このため、伝説の中の伝説である「リージェント」を買収することは、天からの大いなる贈り物であり、まさに夢のような出来事だった。私の願いは、いつかリージェント香港を復活させることだった。これはまたロバートの願いでもあった。

二〇一五年、インターコンチネンタルは、インターコンチネンタル香港（旧リージェント香港）を売却しようとした。だが、条件が一つあった。それは、インターコンチネンタルのブランドを五〇年間、使用するというものだった。私はそれを聞くと、すぐに興味を失った。私にとっては、リージェント香港こそがフラッグシップホテルの意味があるのだ。私がリージェントブランドを買収した後、ニューヨーク、香港、ロンドンという世界の一流都市に旗を指すチャンスはまだ得られていない。

だが、偶然は起こるものだ。二〇一五年、私はインターコンチネンタル香港を買収しなかったが、その後、友人であるガウ・キャピタル・パートナーズ創業者ケネス・ガウ(呉継煒)が一〇億ドルでこのホテルを購入したのだ。香港人である彼にとって、リージェントは香港人の歴史であり、リージェント香港こそが香港のフラッグシップだったのだ。翌年、私はマニラで開催されたフォーブスのフォーラムで彼に会った。私たちは二人ともパネラーとしてフォーラムに招かれていた。彼は、資金を投じてこの四〇～五〇年の古いホテルをリニューアルし、世界最高のホテルの一つにすると語った。

ただ当初の売買条件では、インターコンチネンタルの看板をかけなければいけないと明記されていた。それでも、彼はリージェント香港という名称にこだわった。

しかし、リージェント香港という名称にすることは可能なのだろうか？

彼は「インターコンチネンタルと提携する気はないか？」と私に尋ねた。

「すべてをインターコンチネンタルに売却すること以外なら、考えてみてもいい」。私はアイディアを出した。

ウィン・ウィン・ウィンの創造へ

インターコンチネンタルは長年、リージェントの完全な買収をしたがっていた。インターコンチネンタル傘下には、一〇数ものホテルブランドがあり、最高レベルは四〜五つ星のインターコンチネンタルホテルズ&リゾーツで、トップクラスの旗艦ブランドが欠けていた。他の競合相手、例えば、マリオットグループにはリッツ・カールトンが、ヒルトングループにはウォルドーフ・アストリア・コレクションがある。だから、インターコンチネンタルは、ペニンシュラホテルと並び称されうるトップブランド――リージェントが必要だったのだ。

私がリージェントを購入した後、インターコンチネンタルは三度、ＣＥＯが変わった。

彼らは毎年、私のところに来て、リージェントを売却するつもりはないかと尋ねた。だが、私はリージェントで利ザヤを稼ぐつもりはなかった。私の願いは、リージェントを老舗ブランドとしてしっかりと育てることだったのだ。もし、リージェント香港を昔の場所で復活させられるなら、それはもちろん実にうれしいことだった。

私がリージェント買収案を円満に完了させてからまもない二〇〇九年六月三〇日、インターコンチネンタルのＣＥＯが、インターコンチネンタル香港で会おうと連絡をしてきた。私がリージェントを手放すことがないとわかると、相手はインターコンチネンタルがリージェントブランドを経営し、リージェント台北は自分でリージェントを運用したブランドの提携を行うという提案をしてきた。だが、もちろん私はこの提案をすぐに断った。二人目のＣＥＯはユダヤ人で、彼は最高経営責任者（ＣＦＯ）の出身だったので、常に価格（値引き）が話題の中心だった。しかし、面白いことに、毎年やり取りをしているうちに、それぞれがよき友人となった。

二〇一七年、インターコンチネンタルのＣＥＯは三人目のキース・バーに代わった。彼は以前、インターコンチネンタルの大中華エリアの総裁を務めていた。なので、リージェント香港の歴史的な位置づけを理解しており、もしインターコンチネンタル香港がリージェント香港へと戻るなら、より大きなブランド価値を発揮することをよくわかっていた。私たちは、丸々一年間をかけて契約書の内容を検討した。それは非常に複雑なプロセスで、五〇〇ページを超えるものとなった。そこには、何ができ、どのように提携し、いかに利潤を分割するかなど、数百を超える詳細な事項が含まれていた。私たちは、合弁での経営で合意した。インターコンチネンタルにリージェントの株式を保有させるが、それは一〇〇%ではないという形だ。

二〇一八年、私はリージェント・ホスピタリティ・ワールドワイド（ＲＨＷ）の五一%の株式をインターコンチネンタルに売却し、リージェントをインターコンチネンタルの「子供」にした。インターコンチネンタルは、リージェントブランドの海外開発と管理権を保有し、台湾の開発と管理権は私たちに帰するものとなった。このほか、インターコンチネンタルと再購入契約を締結し、この「子供」に対して、自分の子のように扱うことを確約させた。これは、その子をしっかり教育するよう約束したようなものだった。もし約束した目標が達成されない場合には、インターコンチネンタルは三倍の価格で再購入するというものである。この三倍の価格は、ホテル五〇軒分の管理費に二〇倍の株価収益率をかけて算出したものである。

表面的には、私はコントロールする権利を喪失したが、実質的には三者の「ウィン」が得られるよい結果だった。

一つ目の「ウィン」は、私の友人で、香港の新たなオーナーが、願いどおりリージェントブランドを掲げられるようになり、彼が香港人の思い出を取り戻したことにある。二つ目の「ウィン」は、インターコンチネンタルがライバルたちと渡り合えるトップクラスのブランドを手に入れ、毎年数億ドルのリージェントブランドのライセンス料と管理契約を得たことだ。リージェントは、インターコンチネンタルという王冠の上のダイヤモンドとなったのだ。全世界の六千軒近くにのぼるホテルの開発と運営能力を有するインターコンチネンタルにおいて、リージェントブランドが加わることで、海外の布陣は鬼に金棒となった。それまでの一〇年間では一〇軒しかオープンできなかったが、これからの一〇年では五〇軒をオープンすることができる。長短期の収益から見れば、インターコンチネンタルはより高いバリューを創出することができるだろう。

三つ目の「ウィン」は、私がリージェント香港をその起源の場所に再現する夢をかなえたことである。また、SHGにとって、リージェントベルリンは、賃貸料が高くてずっと赤字であり、毎年私たちのEPSを食いつぶしていたが、インターコンチネンタルに引き渡してからは、マイナスからプラスに転じ、この悩みを解消してくれた。

私がリージェント・インターナショナルを買収した時、ヨーロッパ、中東、アジア、北米の四つのエリアにホテルがあったが、総本部は台湾に設置した。同じチームが大陸をはさんで対応し、チームの八割の人間は台湾におらず、オンライン会議でのコミュニケーションとなり、企業文化の構築は難しかった。私はこの八年間で多くのことを学んだが、台湾にいる時間より空を飛んでいる時間の方が多かった。世界各地のオーナーのもとへ飛んでいくか、さまざまな運営の問題を解決するためである。現在は、この部分をインターコンチネンタルが担当しており、その規模の大きなグローバル運営ネットワークで、私たちが自分でするよりも包括的なサービスが提供でき、収益もより高くなった。私も精神的にかなり楽になり、無茶な生活をする必要はなくなった。

私は「福」禍相倚を経て、トップにとって真のコストとは時間であることにやっと気づいた。

リージェントを手に入れた時、ホテルのオーナーが私に会いたいと言ったら、必ず二四時間以内に行くようにしようと心に決めた。五日間で五つの国に行ったこともある。しかし、こんな「世界旅行」のせいで、私はひどい睡眠障害におちいった。時差のため、四八時間眠れないことはよくあることだった。今、考えれば、実に健康をおろそかにしていたものだ！半分の株式を売却し、海外運営統括権を手放すと、私はリージェント・インターナショナルがより遠くへ飛べることに気づいた。それは老子が言う「無為而治（手段を講じなくてもうまく治められる）」に似ていると感じた。私たちは、自分で苦労することなしに以前と同じく海外ブランドのライセンス料も得られるようになったのだ。

リージェントの台湾ブランドのライセンスは、永久に私たちのものである。二〇年間の加盟と八年間のブランド運営で、創業者のロバートをのぞき、私は最もリージェントを理解している人間だと自負している。

生活を転換させるスパイス

最もすばらしいのは、ついに自分の時間ができたことだった。私は毎年新しいことを学んでいる。数年前はピアノ、ここ二～三年はムエタイを、最近はアプリでの発想、デザインを学んでいる。私は学ぶことが好きだ。もし仕事時間を四つに分けるなら、最も理想的なのは、学び、ビジネス、投資、そして健康維持がそれぞれ四分の一を占めるというものである。

危機とは、物事がその人の期待どおりに進められないことだ。私たちは、考え方を逆転させることで、自分の感情に向き合いつつ、以前の期待感と実際の状況との精神的な落差を埋めるべきである。音楽は、私が気分を転換させるための重要なスパイスだ。それは、スパイスが料理の味わいを違うものにしてくれるのに似ている。

私の生活は、音楽なしにはあり得ない。夜がふけて静けさが訪れた時は、ジャズがいい。通勤での道で聴くのは、各国のヒップホップとラップを取り混ぜたもの、友人と楽しむなら一九八〇年代のニューウェイブである。一人でいる時に最も好ましいのは、マーラーの交響曲とショパンのピアノ曲だ。また、私をクラシックに引き込んだ入門曲であるワーグナーの「リエンツィ序曲」、「ニュルンベルグのマイスタージンガー」などもいい。音楽は生活において、シェフが調合したスパイスのようなもので、スパイスがわかれば、味の本質もわかる。

思い返してみれば、私に音楽のことを教えてくれたのは、一四も年の離れた一番上の兄である潘思源である。彼は、西洋音楽が好きだった。友人を呼んでパーティーをすることも好きで、その時には私がＤＪを務めた。私は今、ＳＨＧの会長職に就いているが、リージェント台北の隠れたＤＪでもある。二〇二〇年、三〇周年記念の晩餐会では、私がそれまでにリージェント台北に宿泊したことのある国際的なスターの楽曲を選んだ。

禍福相倚の道理を理解すれば、チャンスが見いだせ、失敗を転換させられる経験——混乱と新しさの中で、正確かつクリアに思考できる力——となるのである。

潘思亮は音楽を熱愛する。彼は、リージェント台北の隠れたＤＪでもある。2020 年リージェント台北三〇周年記念の晩餐会での音楽も、彼が心をこめて選んだ曲目だ。

Spotify QR code

Spotifyへの QR コード
リージェント台北30周年
潘思亮コレクションソングス

ＳＨＧがイノベーションしたビジネスモデルでは、モンテネグロのポルト・モンテネグロが最初の代表作である。それはヨーロッパ初のホテル式レジデンスの総合体となった。

第二章「思いやり」が私たちに教えてくれたこと

私は常に企業の中に思いやり文化を育ててきた。
これは至る所にある「道」であり、また私たちのおもてなしのＤＮＡでもある。
よい企業文化とは、チームを平凡から非凡に変えられる力である。

思いやりのある父

ずっと心に残っている父の言葉がある。私は、その言葉を通して、思いやり、自利利他（人にも自分にも利すること）をよく自分に言い聞かせている。

毎年、父はリージェント台北創業者としてスタッフ新年会に出席し、従業員を鼓舞してきた。最後の新年会の席で、父は突然私の方を向いて、「私は年を取った。小切手を切ることしかできない。だが、おまえはホテル経営を通して、他の人に影響を与えたり助けたりできる。小切手を切るよりずっと有意義だ」と言った。

その後、中東の詩人ハリル・ジブラーンの散文詩「施しについて」を読んだ。「自分の持ち物を施したところで、施せるのは結局わずかです。自分自身を施してこそ、真実施したことになります。……まず考えなさい。自分は一体施しをするのにふさわしい人間だろうか、と。施しのふさわしい道具なのか、と。まことに、生命に与えるのは生命自身……」これを読んで、私はやっと父の言葉の中にある意味を知った。

父潘孝鋭は船舶解体王として知られており、その足跡は世界各地に及んだ。また台湾の第一世代の企業家で、実にさまざまな体験をしてきた。実際、父が創業した企業は、比較的知られている企業では南豊鋼鉄、リージェント台北、大田精密工業、遠東グループ創業者の徐有庠と新光グループ創業者呉火獅との共同出資の高雄遠東百貨がある。台北西門町の万年ビル、台企ビルなど商業用の不動産も所有していた。戦火の中で成長した父は、将来いつか必ず貧しい人を助けたいという思いを抱いていた。このため、早くに祥和社会福利慈善事業基金会（社会が祥で和やかであることを願って命名）を設立した。その一生で行った善意の寄付金は計り知れない。

父が私たちに伝えた不文律の家訓がある。それは、「福がある時は友人と分かち合い、困難がある時には自分で背負え」というものだ。

船舶解体王になった後も、数十年来の古い友人と付き合い、その交友関係は変わらなかった。ライフスタイルも同じく簡素で、晩年は自分で着るものを手洗いしていた。台北の実家に泊まった時、私の妻が父に朝食のオートミールを作ってあげようとしたが、父は頑として譲らなかった。ある年、父は書斎机を換えたくなり、私に探すよう頼んだが、予算は千元前後と言われた。その後、私はちょっとした木の机を選んで買った。もちろん父の予算内で収まるわけがないが、中古品だと言ってごまかした。

父は、生活面では節約していたが、寄付の時は実に大盤振る舞いだった。台湾や世界各地で災害が発生するたびに率先して支援した。父は苦しい日々の中で学んできたので、生まれついての平等や教育を受ける権利をことさら重視した。祥和基金会は長年、低所得家庭の子女への奨学金や貧困家庭のサポートなどを行ってきた。また、仏光大学、南華大学、学習サイト「均一教育アカデミー」などのサポートもしていた。アメリカの仏光系大学である西来大学の奨学金も、父が星雲大師と共同で創設したものである。

私は、父の他者に利する精神を最も尊敬している。晩年、父は資金を投じ祥和バイオテックを設立した。きっかけは、医者に認知症の初期段階だと診断されたことである。高雄医学大学の医療チームの細やかな治療とケアを受け、父自身の強い意志の力でさまざまな治療法を試し、父は順調に回復していった。

ここから、父は体調を整える食事のレシピを健康食品にした。また、睡眠障害と腰痛など健康上の悩みを解決するために、健康食品の開発にも乗り出した。こうして、バイオ企業の収益を基金会に寄付し、公益と企業経営を結合させ、うまくかみあったよい循環を作り出した。台湾ではまだ企業の社会的責任という概念が普及しないうちから、父はそれを実践していたのだ。

思い返してみれば、父はリージェント台北の創業者で、早くからそのふるまいや言動で「己の欲するところを人に施し、己が欲せざるところを人に施すなかれ」という言葉を体現していた。父は、さいわい台湾で立身出世を果たした。その中で思いやりを持ちながら、苦難や逆境に立ち向かったのである。まったく何もない時、その人に力をくれるのは、その人が信じている理念である。また、貧しさを経験した父は、思いやりの心で自分が分かち合えるすべてを可能な限り世界に与えた。

苦労したからこそ、思いやりの心で弱者を助け、社会の幸せと平和のために心を尽くしたのである。思いやりは、その後、私が信じる普遍的な価値観となり、またＳＨＧが立脚する根源となった。

企業経営では、企業文化は戦略に勝る

ここ二〇年来、私は企業での「思いやり文化」の構築に努力してきた。職場で思いやりを持てる人は、私的な部分でも思いやりを失うことはない。なぜなら、それは表層的なものではなく、内側にしみ込んでいるものだからだ。そうでなければ、本当の意味での思いやりにはならない。そういう心持ちこそがどこにでも存在する「道」であり、組織文化でもある。

企業経営において、企業文化は戦略に勝る。よい企業文化は、チームを平凡から非凡

に変えられる力となる。私の経験では、危機に遭遇した時こそ、企業文化の価値が現れるものである。このため、企業の根っこは、時代や物事の変化とともに消失するようなものではなく、普遍的な法則であることが望ましい。

ホテルは、宿泊、飲食、宴会、レジャー、ショッピングなどから派生したサービスチェーンが密接に関連している場所である。またドアマン、フロント、レストラン、客室、宴会、売り場などゲストと対面でサービスするフロントヤード、さらに数十もの部門からなるバックヤード、総本部、料飲、ルームサービス、総務、エンジニア、インフォーメーション、ランドリーなど、どの部門も専門性が必要で、きめ細かさ、品質の均一性が求められる。どこかでなにかミスがあれば、ホテルでの体験はパーフェクトではなくなってしまう。

リージェント台北の人間は、ホテル管理を理解し専門的であるだけでなく、多様化の概念を持って、おもてなしで世界を感動(serve to move the world)させなければならない。世界各国の異なる文化や人種を心から尊重し、さまざまなお客様に対し思いやりを持ち、ヒューマニスティックなおもてなしを提供するのだ。私が言う「思いやりのおもてなし」とは「生活化」であり、温かみがあり、静かで自信のある態度である。それは主の客に対する道、あるいはパーティーでの共同ホストに似ている。

共同ホストとはどのような存在だろうか？　それは太陽の光に常に寄り添う影のようなものだ。影は、静かだが、光が完璧になるために必要な存在である。

大部分の従業員は、自分とお客様の間の感動的なエピソードがある。リージェント台北には定期的に宿泊する常連のお客様が少なくない。出張の方もいれば、帰省や帰国の方もいる。従業員はそうした個別のお客様の生活習慣をよくわかっており、長い間には、互いにあいさつを交わすよき友人となる。以前、ルームサービスのスタッフから、自分の家の定番料理であるチキンスープを、ひどい風邪をひいた海外からの常連客にふるまった話を聞いたことがある。チキンスープは、会社のSOPにはない。その従業員はただ、この常連のお客様に早く元気になってほしいという一心で、退勤後に家でチキンスープを作って持ってきたのだ。世界中の五つ星ホテルに宿泊してきたこのお客様は、台湾人のやさしさにふれ、賞賛を惜しまなかった。こうした思いやりの小さな行動は、SHGの姉妹ホテルにも広がっている。長年の間に、おもてなしのDNA——思いやりが従業員の中に浸透しているのだ。

よく「思いやり」を「共感」とイコールにすることがあるが、アメリカの著名な現代精神科医アーヴィン・D・ヤーロムの説明が的を射ている。彼は、「共感」とは他者の窓から外を眺め、他者が見ている世界を見ようとすることだと言う。思いやりとは顧客、同僚、株主、パートナーの窓から外を見ることを学ぶことだ。相手の世界に的確に入ることができれば、双方によい結果を容易に得ることができる。

また、経営者は小さなことから大きな気づきを得られなければならず、言動一致を自ら実践しなければならない。リージェント台北創業から現在まで、たとえどんなに大きな危機に直面しても、私たちが大切にしてきたのは従業員への思いやりであり、できる限りの範囲内で雇用を保障することである。

二〇二〇年、コロナが収益を直撃することが明らかになった。幸いリージェントギャラリアの収益は六〇％増と大幅増加し、ホテル内の飲食も小幅ながら増加したものの、客室と宴会の損失を埋めるまでには至らなかったのだ。年間で見れば、年末のボーナスはせいぜい一ヵ月分しか出せそうになかった。だが、私は初めて収益を中心とした業績評価によらないで、奮発して二ヵ月分のボーナスを支給することにした。なぜなら、その一年間は、皆がつらく苦しい時期を経て、お互いに助け合い、多くの「ミッション・インポッシブル」を達成したからだ。

経営者が思いやりを持てるなら、従業員に求心力が生まれ、全体が一致団結して動けるようになる。これは双方向のフィードバックであり、従業員もまた企業と緊密に連結し、自発的に思考するようになるのだ。

稲盛和夫は、「人生・仕事の結果＝考え方×熱意×能力」という「人生の方程式」を提唱した。この方程式の中で、最も影響力が大きいのは考え方である。私の企業では、この方程式の考え方は「思いやり」に当たる。すべてがこの原点につながり、行動や物事のものさしになるのだ。

思いやりは、人と人の間の領域に入り込み、自身の内部から他者へと出ていく。この核心的な領域に他の人、さらにはすべての人を引き込み、包み込むことができれば、その人は万物と共にあることができるようになる。私はある時ふと、父がよく言っていた言葉――「人に利し『生』に利す」の意味が腑に落ち、経営によって他者を手助けすることは、小切手を切ることよりも有意義だという言葉の意味が理解できたのである。

善良は思いやりのコンパス

だが、父の言葉を真の意味で実感できたのは、父が二〇一三年に他界してからのことだ。その頃、私は父の生前の品や写真を整理し、父と半世紀以上付き合いのある星雲大師と霊前に座り、昔のことを話していた。私はその時にやっと父が「思いやりを持ち、人のことを自分事としてとらえる」実践者であり、善良さが父の人生の方針であることを痛切に感じた。

星雲大師は父について、困っている人に手を差し伸べる慈善事業には熱心だが、自分の行いはひけらかさなかったと語った。社会への貢献は決して人後に落ちることがなかった。「あの方は、仏光山の功徳王であり、仏教を敬う者であろうとしていました。国内外の仏光の人間は皆、あの方を『長者様』と尊敬をこめてお呼びしていました」。

父は生前から国際仏光会の監事長、社会福利発展委員会の委員長を務めていた。星雲大師は当時、高雄仏陀紀念館の土地取得に一〇億元かかるため、建立をあきらめていた。だが、父はそれを聞くと、真っ先に五千万元を寄付し、友人たちにも声をかけた。「皆様の発心に心から感謝します。これはまさに仏光山の重要な歴史です」。

私や兄も仏光山の沙彌学園に勉強に行った。父は、星雲大師と兄弟のように仲がよく、ビジネスの合間をぬって大師に会いに行った。二人の出会いは、仏光山がまだ創立される前のことだ。高雄県大樹郷に寺院を建立し、学び舎も作るという話を知ると、父は五百万元の貯金が入った通帳と印鑑を自ら持参し、大師にどうか遠慮せず、必要があったらいつでも使ってくださいと言って渡した。こうした思いやりの心は、前に述べたジブラーンの詩の中にもある。「他人に求められて与えるのはよいことだが、他人が求めていることを自ら察して与えることに越したことはない」。実を言えば、私が父という人を知り始めたのは、一五歳で台湾を離れてからのことだった。

私は末っ子で、一番上の姉とは一五歳も年の差があった。私が生まれた時、父はすでに成功した企業家であり、家にいない時間が多かった。私が高雄中学に合格した年、アメリカと台湾の国交断絶が起こった。父は急いで私をサンフランシスコの兄のもとへ送り、高校へ行かせた。小さい頃に父と一緒にいた記憶はないが、アメリカに留学した後は、父と手紙をやり取りするようになった。毎年、父はサンフランシスコを訪れ、私や兄一家に会いに来た。兄は、台湾の政治大学新聞学科卒で、理想を持っていた。アメリカで『遠東時報（ファー・イースタン・レビュー）』を手がけたりもした。また兄の家では経済誌『財訊』を定期購読していた。当時はまだ小さな版型で、私もこの雑誌を通してやっと父の事業のことを知ったものだった。

以前、父が話すその半生を聞いてもどこか他人事のように感じていた。が、父が亡くなった後、私は父の世界を知り、その善良さがどこから来ているのかを知った。

父は一九二四年、福建の福州に生まれた。幼い頃に父母が続けざまに亡くなり、祖父に長楽区三渓村に連れられて育てられた。その後、上海の呉淞にある同済大学附設高校で学び、卒業後に雲南昆明の同済大学工学部機械学科に入学した。一九四〇年、大学二年生の時、同済大学の移転とともに四川の李荘へ引っ越した。李荘は、抗日戦争時、文化の中心地だった。当時、同済大学、中央研究院、北京大学文科など教育研究機関がここへ集まっていたのだ。

またその年、父は勉学を捨て、軍に加わる決意をし、軍委員特権技術人員訓練班に入った。貴州の息烽での訓練時に受けた測定で、父があまりにやさし過ぎる性格で、スパイになるには不適格とされた。だが、頭脳明晰なため、軍委員会に少尉の階級を与えられ、重慶軍事委員会調査統計局（軍統局）の秘書処に入って、機密暗号の翻訳を担当することとなった。これは映画『サイレント・ウォー』のような役回りだ。そこでの仕事ぶりが高く評価され、軍統局副局長の戴笠にも重用されて、二〇歳で少佐参謀に昇格した。当時、中華民国始まって以来、最も若い少佐だった。

一九四五年八月、抗日戦争に勝利すると、局本部が重慶から南京へと移り、父も重慶に異動になった。翌年、除隊し、資源委員会に転任になり、五月に台湾に来て、台南の台湾鹸業公司第二工場の業務課に勤めることになった。そして、高雄に出張した時に、一生の伴侶となる黄雅仙（私の母）と知り合う。

母は、台南女子中学でも評判の美少女で、恋い慕う者が多かった。台湾鹸業では会計を担当しており、父は常に近くいたことから、二五歳でこの美しい女性を射止めたのだ。結婚後、二人は公務員をやめ、高雄に居をかまえた。当初は上海の商品を輸入する商売をしようと考えていたが、国共戦争が勃発し、商売ができなくなってしまった。その後、縁あって日本軍が残した金属廃棄物で商売を始めた。当時、高雄港には、日本人が引き揚げの時に沈没させた船がたくさんあった。この頃は、港湾地域において造船や鋼鉄産業が発展しようとしていた時期である。そこで父は南豊鋼鉄を創業した。この時は、古い船を引き上げ解体する東和行の侯金堆、侯政廷（その後、東和鋼鉄を創業）がパートナーだった。

産業発展に必要なビジネスの創業

父が創業したいくつかのビジネスは、台湾産業の発展と深く関係している。

船舶解体業は、物資が不足していた戦後台湾において、工業の母である鋼鉄業を支えるものだった。一九六〇～一九八〇年代において、台湾は世界の船舶解体業の中核となり、「船舶解体王国」と称された。父が南豊鋼鉄を創業したのは、第二次世界大戦後に廃棄された軍艦廃船市場を見据えたものだったのである。

製鉄の原材料を探し出すため、父は英語ができないことも気にせず、大学院生を通訳

1990年リージェント台北のオープニングセレモニー。左から潘孝鋭、陳由豪、
ロバート・バーンズ（リージェント・インターナショナルの創業者）。

に雇って世界中をめぐり、廃棄され解体を待つ戦艦を一隻ずつ高雄港まで引っ張ってきた。少しでも鉄の成分があれば、父は買い取った。最も多く買ったのは揚陸艦で、廃棄された軍艦に武器があれば、台湾軍に研究用として寄付した。こうして「船舶解体王」の称号は自然に広まっていった。中には状態がいい廃棄船舶もあり、解体してしまうには惜しいとして、その後、船舶解体から造船業へと手を伸ばした。一九五〇年代の朝鮮戦争、その後には二〇年にも及ぶベトナム戦争もあった。父は、アメリカ海軍から多くの退役軍艦を買い受けた。米軍はベトナムで多くの電力を必要としたので、米軍に電気を売った。

次に父は米軍が廃棄した液体燃料弾道ミサイル工場を丸ごと購入した。次世代の弾道ミサイルでは固体燃料が使用されており、米軍は液体ガスを動力とする工場が不要になったのだ。この時、父はなんと工場設備をそのままそっくり太平洋上で引っ張ってきた。この話を聞いた時、私はただ驚いて目を丸くするしかなかった。一つは海で台風に遭い破損してしまったが、もう一つは無事に高雄にたどりついた。液体ガスと関連設備にあった工業用酸素の製造部分だけを残し、他は製鉄した。後に、これを苗家の聯華ガスに売却、聯華ガスはその後、台湾最大の気体メーカーとなった。

父は、三万七千トンにも及ぶオランダの客船「新アムステルダム号」も解体した。これは、台湾で解体された最大の廃棄船舶である。新アムステルダム号の大きさは、船内に一〇のプールが設置されていたことからも想像できるだろう。客船には多くの美術品もあったが、芸術にうとい父は、残念なことにすべて売却してしまった。

父の船舶解体事業は、間接的に私と兄に影響を及ぼした。私たちは、最新の軍事科学技術と情報が掲載された『ジェーンズ海軍年鑑』を読むのが大好きだった。兄は、戦艦にあるアンティークから芸術品のコレクションに興味を持ち、アンティークのコレクターとなった。私は、軍事兵器に興味を持ち、子供の時には自分の国と陸海空三軍を所有する夢を持った。放課後には、高雄の五福四路にある本屋で第二次世界大戦史を読んだり、友達とおもちゃのライフル銃で銃撃戦をして遊んだ。これは、ペイントボールでの銃撃戦の元祖のようなものだ。軍艦は海上の建築物のようだった。絵を描くのが好きだった私は、想像の船の設計図を描いたこともある。考えてみれば、今では業界の著名な建築家やデザイナーとともに、一軒ごとに個性あふれるホテルを建てており、仕事を通じて子供の時の夢を実現しているようなものである。

一九七六年、父はホテル業に入った。台湾が国連から脱退した後、多くの人が台湾への信頼をなくし、資金が大量に海外に流出した。当時総統だった蒋経国は、海外の投資者を呼び込み、指標となる産業を発展させたいと考えた。そこには、内需のビジネスチャンスを創造できる観光産業も入っていた。

当時の台湾は、ちゃんとしたホテルは円山ホテルだけで、ホテル産業と呼べるものもなかった。そんな中、台湾のホテル産業に投資したいと言ったのが、かつてのアメリカ海軍長官、国防副長官および財務長官を務めたロバート・バーナード・アンダーソンで

幼い頃の潘思亮と母黄雅仙。

ある。当初、台湾政府は辜政甫をアンダーソンの提携パートナーに推薦したが、アメリカ海軍は彼に潘孝鋭を推薦した。これが、父がホテル業に参入したきっかけである。

当初、政府は彼らに台北の三つの土地を提示し選ばせた。一つ目は現在の高級住宅「帝宝」の所在地、二つ目は中央銀行の所在地、最後の一つがリージェント台北の現所在地である中山北路である。一九七〇年代、彼らは中山北路を選んだが、この土地を選んだことが苦難の始まりとなった。

これは、台湾初のBOT方式（Build-Operate-Transfer）のプロジェクトとなった。一九七六年、父とアンダーソンは、五〇年間の地上権使用契約を台北市と締結した。ライセンス料は土地評価額の三割分である。当時の中山北路の地価は、信義路一帯の百倍だった。ただ、この国有地のBOTプロジェクトは市議会に否決され、台北市ではホテル建設予定地と広場の前にあった住宅と違法建築の撤去や補償ができなくなった。このため、父は立ち退きを求めて一軒ずつ訪問しなければならなくなった。八年をかけ、地上権の約三倍の金額を支払った。契約は地上権であるため、銀行にも貸付を断られ、年間の利息が二〇％だったその時代には、土地不動産を切り売りしてしのぐしかなかった。

アンダーソンはその後、投資案から撤退したいと考え、父もまた興味を失いかけていた。一九八四年、陳由豪がホテル投資に興味を示すと、父は当初、もともとの価格ですべて彼に売り払おうとした。だが、彼は父も株式を持っていなければ購入しないと頑なに主張した。結局、彼はアンダーソンと父から計六割の株式を買った。実際のところ、陳由豪の運営手腕と政治的なコネのおかげで、リージェント台北の建設の道のりはかなり順調になった。

もし人生がやり直せるなら、父が同じ選択をするかどうか、私にはわからない。だが、父がリージェント台北を創業したのは、必ずしも利益のためではないことは確かだ。あの時代、観光旅行業を発展させるために、台湾にはホテル産業が必要だったのだ。単に多くの富を得たいだけなら、資産を切り売りしながらホテルを建てるのではなく、土地不動産や金融商品に再度投資すれば済むことだ。

父は、船舶解体、鉄鋼業からリージェント台北の創業、ホテル産業へと主軸を移していき、そして最も愛する慈善事業へと向かっていった。その歩みは常に台湾の産業発展を切り開くものであり、イノベーションでもあった。このような創業者の性質から言えば、イノベーションもリージェントブランドにとって極めて重要なＤＮＡである。

リージェント台北にとって、イノベーションは研究開発部門を設立すれば済むといったレベルではない。すべての経営活動にイノベーションがあり、それは毎分毎秒ごとの呼吸のように重要である。そして、思いやりは私たちがイノベーションを進める上での中核的な思想となっているのだ。

懷念創辦人
潘 孝銳

少小離家效軍旅
保家衛國巧解案
瀚海逐波力挽瀾
拆船鍊鋼振經濟
計利只計天下利
晶華麗晶耀社稷
慷慨捐輸倡公益
將心比心行大義

思亮 敬上

潘孝鋭は、勉学を捨て軍に入り、船舶解体事業、リージェント台北の創業、そして慈善事業を行った。それぞれの時代に国家や社会の発展に最も重要な領域に真っ先に進出し、一生を台湾に捧げた。

視野とマインドを切り開け

　誰でも心に自分の手本となる人物がいるのではないだろうか。一生の中で、何人か学ぶべき理想像がいれば、自分の視野とマインドを広げる助けになる。優れた頭脳とオープンなマインドは、富よりも常に重要なものである。

　投資の分野では、私の手本はウォーレン・バフェットである。彼の姿勢とライフスタイルは、周囲の財産や地位などによって変わることがない。財産は、人に少し多い選択をもたらすだけのものだ。企業経営での手本は、日本の「経営の神様」稲盛和夫だ。彼の経営観は一種の人生哲学で、利他の精神にのっとり、自分が信じる正道を行く。彼が述べた商業の原点は、他者に利益となるものであり、共によくあるべきだという思想を教えてくれた。

　社会活動では、父が私の理想像である。私が世界へと向かう遺伝子は父からのものだ。父は船舶解体のビジネスで世界中を歩き、私もホテルビジネスで世界をめぐった。父はまた危機だからこそ買いに入ることを教えてくれた。一九九〇年、天安門事件で香港はひどい不景気に陥った。大暴落した不動産を買いに入る人間はいなかった。だが、父は私にここでこそ不動産を購入しろと後押しし、個人の名義で銀行から借金し、私が不足していた二割の資金を貸してくれた。三年後、私は二〇倍近い価格で売り抜けたのだった。

だが、親子でも金はきっちりさせていた。私に貸した金の利息を、父はびた一文もまけず、それを公益活動に寄付した。父は、自分は無一文で台湾に来て成功させてもらったのだから、あの世に行く時には財産を寄付していきたいとよく言っていた。まさに人のために良きことをなす者は、その後恵みを受けるものである。私は、こうした哲学的な父を持ったことに感謝したい。

父が亡くなった後の百日間、父が私に残した遺産のすべてを拠出し、グループの従業員のサポートと教育のために使うことにした。これが、父がしたかったことであり、私も好んでできることだと考えたのだ。

父の思いやりの処世哲学は、私が追求し続けるべき理念であり、逆境に向かい合う際の原動力でもある。

もしあなたの人生に今、まだこうした力がないなら、ぜひ「思いやり」の部分から試してほしい。

リージェント台北の建築物は、李祖原聯合建築士事務所が設計したもの。現代的な建築構造の中に、クラシックなスクエアのデザインを織り込み、東西文化の融合するブランドＤＮＡを表現した。

第三章　内面からの再生

私は目の前の危機をやり過ごすことだけを考えたことはない。できるかぎり変化を迎えるための準備をしてきた。危機は逆に私にとって、古びた枠とレッテルを捨て、新しい芽吹きを見つけ出すチャンスとなった。

逆境での不敗は、順境での成功よりも貴重

「台湾唯一の陸上クルーズにようこそ！リージェント台北がお届けする真夏のクルーズ風リゾート体験をお楽しみください……」

私にとっての永遠の女神——妻コンスタンスは、日本の浴衣に着替え、これまでに何度も来たことのあるリージェントギャラリアをそぞろ歩きしていた。まさにこの時、私は宿泊しているお客様と同じく、日本文化の雰囲気の中に身を置き、和菓子でアフタヌー

ンティーを楽しみ、伝統的な日本の茶道を学んでいた。もちろん、私たちがいるのは東京ではなく、リージェント台北である。

翌日、私はビュッフェ「ブラッセリー」で行われていた「競り」に参加した。日本というテーマに合わせ、日本人スタッフが東京の築地市場の景色を再現したのだ。水揚げされたシーフードを並べる台には、台東の成功漁港から直送された新鮮な魚が並び、日本人スタッフとシェフがお客様に魚を見せながら、競りのやり方と手ぶりを生き生きと説明している。皆はすぐにやり方を理解し、競売し、落札した。お客様は自分で落札した魚で、新鮮な刺身が楽しめるという趣向だ。

これはリージェント台北がコロナ禍で登場させた「買って学ぶグルメ」のイベントの一つで、陸上クルーズによるリゾート体験の初航海のシーンである。おそらく世界の五つ星ホテルでも前代未聞のものだろう。

観光産業は、世界のコロナによる衝撃を最初にかぶった。二〇二〇~二〇二一年は確かに私のホテル経営の人生の中で、実に困難な試練が続いた時期だった。この二年間で私は、逆境の中で負けないことは、順境の中で成功するよりも貴重なものだと強く実感した。

世界的なコロナの中では、リージェント台北は単にマーケティング戦略を変えるだけではだめだと考えるにいたった。内側からの徹底的な再生をしなければ、国内旅行と海外旅行という二種類の「旅」に同時に向き合えないのだ。その時、アーバンリゾートホテルこそがリージェントのＤＮＡだと思いついた。

リージェントの旗艦ホテル――リージェント香港は、一九八〇年にオープンすると、世界のアーバンリゾートホテルのモデルだと賞賛された。ロビーは全面が掃き出し窓で、ヴィクトリア港の景色が余すところなく一望できた。比類なきおもてなしのサービスにゆったりした雰囲気を造り出すため、建物は大通りから少し奥まっていた。人口密度のきわめて高い香港では、実に得がたい風景である。

こうしたデザインコンセプトは、リージェント台北でも取り入れられている。ホテルの建物は道路から百メートルほど奥まって建設されており、その前の土地は庭園になっている。ゆるやかにカーブした坂道を上がると、エントランスの前には円形の噴水があり、水が流れる音が訪れた人々の心をリラックスさせてくれる。

コロナは観光産業を変え、私たちもそれに伴ってビジネスモデルの転換が必要となった。目の前の事実は、世界的なコロナの流行で少なくとも二年間は海外旅行客が消える（これはコロナ開始時の私の見積もりである）ことを示していた。一方、新しい現実は、国内旅行市場に向き合いつつ、アフターコロナの海外旅行を迎えるということだった。このため、私はリージェント台北を「初期設定」に戻す決定をした。五つ星のインターナショナルなシティホテルからアーバンリゾートホテルへの転換である。

二〇二〇年の三～五月、各国の都市が次々とロックダウンされ、次第に感染者数が増えていくのを見て、世界の観光産業はライフスタイルの変化とともに変わるだろうと感

2023年リニューアルオープンしたリージェント香港は、リージェント・インターナショナルの旗艦店であるだけでなく、潘思亮とイギリスのインターコンチネンタルホテルズグループがタッグを組み香港という始まりの地に帰るという夢をかなえた。

じた。その時、たとえコロナが収束しても、人々はすでに在宅勤務やオンライン会議に慣れ、短期間のビジネス旅行は大幅に減少するだろうとも予測した。

歴史から見れば、観光産業は第一次、第二次世界大戦を経ながら爆発的に成長した。なぜなら旅行は持続可能な産業であり、外出と帰宅という人間の本来的な欲望に根差したものだからだ。加えてコロナは、バーチャルの世界をよりグローバルなものにし、リアルな世界は「逆」グローバル化、つまりより現地化した。未来の旅行形態は、ロングステイの方向に向かうだろう。出国回数は減る一方、滞在は長くなるのだ。旅行がコロナ前ほど簡単ではなくなり、人々は旅行の意味を重く考えるようになる。

そんな中、私はリゾート型ホテルであるシルクスプレイスタロコが、ＳＨＧの全ホテルの中で最も早く業績を回復させたことに気づいた。海外へ行けないため、人々の平均的な宿泊日数は増加し、週末だけでなく平日でも客室稼働率は八五％と盛況だった。シルクスプレイスタロコは自然が豊かな国立公園内に位置しており、自然保護の観点などから、客室稼働率が一〇〇％になることはない。毎月一千万元の収益が減ったが、私たちは環境、社会と企業統治（ＥＳＧ）にそった行動で、自分たちの企業が自然とともにあるというコンセプトを表してきた。

考えてみれば、アーバンリゾートホテルはもともとリージェントのＤＮＡである。アフターコロナ時代の旅行は必ず変化するものだが、これがリージェント台北が「当初の自分に戻る」きっかけとなった。このため、コロナ禍においてアーバンリゾートホテルに転換する決定をしたのは、今振り返っても正しい方向だったのだと確信している。

自分の気づきを見つめる

危機は逆に私にとって、古びた枠とレッテルを捨て、新しい芽吹きを見つけ出すチャンスとなった。その中で、リーダー自身の気づきは特に重要になる。リーダーが方向を決めれば、まっさらな「よりよい」可能性が浮き上がり、さらに一歩進んで、この「よりよい」ものが明日、来月、来年、五年後、さらに一〇年後にもっといいものになるのである。

私自身は思いやりを持って、率先して「よりよい」目標を提示した。試練が厳しくなればなるほど、チームが一致団結することが必要になる。そして、共に学び、共に創造し、最後には共によくあり、共に生きることに行きつくのだ。皆が力をふりしぼって一生懸命やる方が、大規模なリストラをするよりもずっと力があることを信じてほしい。

例えてみれば、思いやりは、私の信じる考え方（thinking）に相当し、共に学び共に創造することは行為（doing）、共によく生きることは存在（being）に当たる。私は考え方を通してチームの行為を促し、グループが新しい方向に前進することを望むようにする。こうしてはじめて企業はリアルな存在となり得る。人間が「Human Being」であるように、企業も「Enterprise Being」となるのだ。

多くの変化が成功の一歩手前で失敗するのは、その問題に対する考え方と存在の形が不一致であることに起因する。

不一致の原因はさまざまだ。あるいは、問題はリーダーにあり、リーダー自身が自分が盲目であることを知らないためかもしれない。あるいは、脱落者を救うよいシステムがないか、企業の中核の能力が不足しているか、既存のしがらみがあるせいかもしれない。多くの場合、複数の原因がからみあっているものである。とにかく、変化すると決意したなら、考え方と存在を一致させ、有効に行動しなければならない。ＳＨＧの場合、この行為とは共同学習と共同創作の開始にあたる。

ただ、三〇年もの間、トップクラスのビジネスマンにサービスすることに慣れてきたリージェント台北が、一体どのような方法でアーバンリゾートホテルに転換し、新しいイメージを作れるのだろうか？

静まり返ったある夜、眠れない私の頭にリージェントのもう一つのブランド、リージェント・セブンシーズ・クルーズがふと頭に浮かんだ。そうだ！「クルーズ」こそ、この時期にベストの解ではないか！

クルーズには多彩なエンターテイメントがあり、船上で豊かで完璧なバカンスを提供できる。リージェント台北に人々を呼び込むには、乗船した後もまったく退屈しないクルーズのような体験型バカンスを打ち出せばいい。そのアイディアが浮かぶと、クルーズはまさに「浮いているホテル（floating hotel）」であることに思いいたった。よりよいリゾート体験の創造をメインにした「クルーズ文化」をコンセプトにして、リージェント台北をグローバルなシティホテルからアーバンリゾートホテルに転換する。これは、レッドオーシャンからブルーオーシャンへの船出である。

リージェント台北では、宿泊客の八五％が外国人だった。これがコロナによって完全に消失し、客室が埋まらないことが最大の問題となった。コロナ以降は、全社をあげて新しいルートの開拓に努力していた。だが、上半期に打ち出した「三〇時間一泊六食、フラッシュプラン」や姉妹ホテルと共同販売した「二都物語プラン」などの販促商品は、超安値を売りにしたものだった。短期的なエネルギーの獲得にはいいが、長期的に用いるべきアイディアではなかった。

毎週火曜日、木曜日は、私とグループの幹部の定例会議がある。会議で、私は業績報告を聞き終わるまでに、台湾全体の五つ星ホテルのぱっとしない宿泊率に目を通した。リージェント台北は一位だったものの、週末の宿泊率は約六割で、平日は三割にも達していなかった。同業他社の中には宿泊率が一割に満たないところもあった。私は、価格競争をするよりも、早く変革を進めて、「買って学ぶグルメ」をコンセプトにした陸上クルーズをホテル転換の起爆剤にすべきだと考えた。

「このホテルを世界初の陸上クルーズにしよう」。私がこう言うと、まさに予想どおり、皆の顔が驚きと疑問符だらけになった。

それも当然である。三～六月まで、耳にした海外の同業者の近況は、いずれも悪い知らせばかりだったのだ。コロナのせいで、多くは大規模なリストラか、きっぱり営業を停止してしまうかだった。優れたコロナ対策を見せた台湾でさえ、多くの同業者が営業を停止していた。そんな時に、前代未聞の陸上クルーズ変身計画を発表したのである。

私は、リージェント台北がリアルな一隻の大型クルーズであると想像してほしいと言った。「中山北路のエントランスから林森北路の方向へ見れば、リージェント台北の形は一隻の船のようだと思いませんか？　それに、リージェントはもともとリージェント・セブンシーズ・クルーズを有しています。私たちは学ぶべき既存のモデルがあるのです」。うなずいている人がいるのを見て、私は詳細を話していった。クリアで具体的なコミュニケーションこそリーダーの重要な仕事だからだ。

「陸上クルーズは、飲食や遊び、エンターテイメントがすべて船上で行われます。リージェント台北の地下一、二階にはリージェントギャラリアがあり、ホテル館内には一〇軒の和洋中のレストランがあります。ロビーラウンジは毎晩、生演奏があり、二〇階には世界ＳＰＡ大賞を受賞した沐蘭ＳＰＡがあります。屋上のプール、フィットネスジムなどレジャー施設も備えています。さらにハッピーアワーのようなエンターテイメントを加えれば、グルメ、遊び、ショッピングを満足させる要素がそろいます。そして、楽しさの中に学びを加えれば、パーフェクトなアーバンリゾートが創造できます」。

アーバンリゾートの旅において知的な学びは欠かせない。それはまたリピート率を高めることもできるものである。このため、グルメ、遊び、ショッピングの後に、「学び」

危機はグループ自身の優位性の解体、そして再構築をもたらし、イノベーションを進めさせた。コロナ禍において、リージェント台北は、世界初の陸上クルーズに変身、衣・食・宿・交通・買・学のプラットフォームを取り入れ、数10種ものプランを出した。その中には、屋上のプールでの星空映画館もあった。（写真は、大稲埕カップル花火プラン）

を加えることは、私にとって当然のことだった。「ポイントは、現存する空間をどのように運用するかです。皆で一緒に創意工夫をこらし、『グルメ、遊び、ショッピング、そして学び』をそろえたリージェントクルーズを共同創作しましょう」。私の記憶では、六月にクルーズプロジェクトをスタートさせ、部門の垣根を打ち破り、クルーズプロジェクトのチームを結成した。七月、リージェント台北はすでに史上初の陸上クルーズに変身していた。私は心からプロジェクトチームの高い効率を賞賛したい。

「いかによりよくするか」に照準を合わせて

夏休み期間の初航海だったため、「ファミリーで楽しむ夏真っ盛りクルーズ風リゾート体験」をテーマに、もとからある空間を運用し、盛りだくさんのツアープラン風のイベントを打ち出した。ここでは、リージェント・ファミリー学園、キッズプレイルーム、キャンディやスナックを積んだワゴン、全天候型ラウンジ、ハッピーアワー、屋上プールの星空映画館、AIを用いた漢方養生SPA、ミュージックショー、都市文化ガイド、アーティスト・イン・レジデンス、そして数一〇種もの「子供はしっかり、大人はのんびり」という楽しく学ぶコースが開設された。

クルーズプランは予想よりも人気を博した。一週目には五百部屋もの予約量に達し、同じ時間帯に五〇〇部屋の客がチェックインやチェックアウトの手続きに押し寄せ、日曜日の朝食は、一二〇〇人以上の宿泊客に対応することになった。これは、チェックイン、チェックアウトの時間がばらけている海外ビジネス客とはまったく異なる。さらにセールス方法も変更が必要だった。旅行会社のパイプを開発するほか、国内旅行市場ではSNSでの評判が重視されるので、より多くのインフルエンサーとつながると同時に、各部門でも自分たちのSNSのファンを増やしていく努力がされた。これらの成果は、いずれもチームによるトライ&エラーのたまものである。やりながら学び、毎日反省し、毎週経験値を積んでいった。イノベーションは、素直で誠実であることと、人に見せる勇気が必要だ。でなければ、不足点を発見し、すぐに補うことはできない。イノベーションの段階にある場合、私が照準をあてる目標は完璧さではなく、「いかによくしていけるか」なのである。

どんなイノベーションにおいても、「間違い」は許されなければならない。それどころか、ミスを学びの対象とすれば、想像以上のものが得られる。人生を進歩させるキーポイントは、「間違い」から喜んで学び、ミスをしても次の時には修正し、同じミスを犯さないことだ。若い時には、ミスをすると悔やんだものだったが、今はそれが人生への贈り物だと思えるようになった。考え方次第でミスも、悩みにも喜びにもなるのだ。グループイノベーションのプロセスでも同じだ。最初に提出された作品は、合格することはない。それを研ぎ澄まし続け、たゆまず自分に挑戦することが重要なのだ。

夏休みの親子ツアーのピークが過ぎても、入国規制が継続し、五三八もの客室があるリージェント台北には、依然として厳しい現実があった。ホテルの客室は生産ラインの生産力のようなものである。それまで対象にしていた市場（国際ビジネス）は大きかったが、集中し過ぎていた（八五％を超えていた）。卵を一つのカゴに盛れば、リスクの衝撃も相対的に大きくなる。アーバンリゾートホテルに転換するには、以前からあった思考の枠を壊してゼロにし、多様な市場のニーズに対応できるようにならなければならない。海外からのビジネス客という単一の大口顧客がいなくなった今、空きのできた生産ラインのために、将来的な潜在力のある顧客をいくつか開拓する必要があった。そこでは、リージェント台北のカスタマイズの強みを活かし、アーバンリゾートのニーズのある市場をしっかり開発していくべきだと考えた。

二〇二〇年九月、私たちはリージェント台北を新たにとらえ直した。それはホテル全体を五つの異なるテーマに分けるというものだった。具体的には、五～六階はファミリー向け、七～一〇階は旅行会社と連携した国内旅行のツアー客向け、一一～一七階はグルメリゾートのセルフガイドツアー向け、一八～一九階のタイパン・レジデンス&クラブは、独自のハイレベル・エクスペアリアンスを提供する場とし、二〇階の沐蘭ＳＰＡはウェルビーイングと合わせて、心と体の癒しをメインに、トップクラスの客層へのサービスに集中した。この分割で、単一市場のプレッシャーが分散できる。

これをさらによいものにするには、共に学び共に創ることが必要だ。リージェント台北には、海外からの人材が少なくない。そうした人材に日本チーム、アメリカチームを

リージェント台北の 18 ～ 19 階に位置するタイパンは、台湾全土で初の 24 時間のプライベートなバトラーのいるサービス（All Butler Hotel）を実施、独自のハイクラス・エクスペアリアンスを提供している。

組んでもらい、自分の国の文化をテーマにしたプロジェクトを出してもらった。例えば、東京グルメ、世界の中秋節、ニューヨークのクリスマスなどである。私は、さまざまな場でこのクルーズプランを紹介し、海外の同業者を大いに驚かせたのである。

　これまで国内旅行の宿泊客は、リージェント台北の一割しかいなかった。チームにとって、上半期は調整や乗り越えなければならない点が多々あったが、国内旅行市場に対応している姉妹ホテルのサポートがあったのは幸いである。

　以前は、リージェント台北が姉妹ホテルにその経験をシェアしてきた。だが、このホテルがアーバンリゾートホテルへの転換を目指した時、今度はリージェント台北がシルクスプレイス台南、シルクスプレイスタロコ、ウェルスプリング・バイ・シルクスなど姉妹ホテルに学ぶことになった。ジャストリープとウェルスプリング・バイ・シルクスの総支配人陳恵芳、シルクスプレイスタロコの総支配人趙嘉綺が、リージェント台北のマーケティング会議に自ら参加し、チーム間でも交流や学習が行われたのだ。

　シルクスプレイスやジャストスリープなどのブランドを創設した当時、私は国内でのニッチ市場へのフォーカスを考えていた。しかし思いがけないことに、コロナ禍での生き残り戦略では、その枠を打破し、ブランドの垣根を超えた「共に学ぶ」ことが促進された。従業員たちも、部門を超え、ホテルを超えてプロジェクトを出し、共同創作を開始した。グループ全体が高い効率で操業する新しい企業のようになったのである。ほとんど毎週のように新しいプロジェクトが打ち出され、一年で開いたプロジェクトの数は、それまでの一〇年間の合計を上回り、二〇二〇年の終わりには、なんと七九にものぼった。

自らを助ける者には天の助けがある。コロナ禍がリージェント台北に危機の中での再生をもたらした。二〇二〇年、赤字は避けたいと思っていたが、それどころか黒字になった。ＳＨＧのほかのホテルもすばやく反応し、祝日プランやイベントなど状況を反映した宿泊プランを出した。業績はいずれも二桁の成長となり、いずれもその地域での一位に輝いたのである。

チームでの共創、産業との共生

ある人間が成功するには、その人自身の力よりも、タイミング、地の利、そして人の和が必要である。私が何度も難関を突破できたのは、チームのおかげだ。

経営の道のりで私が最も誇りに思うことは、リージェント台北の数えきれないほどの受賞歴ではなく、不安に満ちた危機の時でもリージェント台北はかえって活力に満ち、全員が一丸となりイノベーションや転換のために動き出すことである。ＳＡＲＳ、そしてコロナ禍でもまさにそうだった。

従業員たちは危機に際して、しなやかな強さを見せたのである。例えば、リージェント台北及びグループ料飲担当ＭＤの呉偉正、ウェルスプリング・バイ・シルクスとジャストスリープの台湾エリア副総裁の陳恵芳、グループ南部エリア副総裁兼シルクスプレイス台南総支配人李靖文、シルクスプレイスタロコ総支配人の趙嘉綺、グループマーケティング広報部副総支配人張筠、リージェント重慶の総支配人楊雋翰など、いずれもグループが育成してきた管理職の人材である。この厳しい戦いの中、皆は全力を尽くし、すばらしい勝利を収めた。

また、グループではコロナの危機を逆手に取り、新世代の人材育成を行った。危機以上に修練にふさわしい場はない。リージェントギャラリアのテナント部長である三〇代の游博同は、元は私のアシスタントだった。ブランド品に興味があった彼は、転換が求められていたリージェントギャラリアに異動した。リージェントギャラリアは、二〇一八年、信義エリアのデパートオープンによるブランド品消費の急拡大に大きな影響を受けた。私はブランド品消費の若年化、多様化する国際的なトレンドに注目する必要があると考えた。コロナ禍において、リージェントギャラリアは逆境にも関わらず売り上げを伸ばし、売上高四〇億元と新記録を達成した。続いて国際的に第一線のブランド品や、若者向け、ライフやレジャー、飲食の新たなブランドを引き入れた。

だが、コロナがもたらした本当の衝撃は、二〇二一年五月中旬に台湾全土が警戒レベル三に入ってからのことだった。私は当初、最悪の状況でもコロナ感染者の爆発的な増加で五割程度の減収だろうと思っていた。だが、政府がレストラン内での飲食を禁止すると、ホテルと飲食サービスは「ロックダウン」の状態になってしまった。グローバルなホテルでは、売上は九割減少した。その約三割は従業員の給与にまわるため、給与の支払いも足りなくなった。これはまだ食材のコストや販売管理費を差し引いていないものだ。このままでは、この産業は三ヵ月も持ちこたえられないだろうと思った。

「三ヵ月」という数字は、根拠のないものではない。私はこれまで一年半の間、ロックダウンを経験したすべての国を調べ、特にシンガポールや韓国など台湾と医療レベルの近い国に注目した。ロックダウンの影響は約二〜三ヵ月継続するので、五月中旬からの三ヵ月なら、八月中には好転するはずだ。先の見えない暗闇の中で、ホテルのほとんどが閉館になりそうな現実に直面することとなった。しかし私は、台湾が最初ではないし、多くの国が何度もロックダウンを実施していて、これほど多くの「生」の教材が参考にできるのだから、私たちには悲しんでいる資格などないと考えた。

私は他の数字も調べた。海外のレストランがロックダウンをした後、ホテル館内での飲食からテイクアウトに切り替えれば、平均六ヵ月で正常なレベルにまで回復するというものだった。大体の目算をつけると、ここから何ができるか、何に注目すべきか、どんな目標にねらいを定めるか、に神経を集中させた。

三ヵ月と六ヵ月という二つのポイントになる期間を予測したものの、従業員の生活や会社のキャッシュフローには穴をあけられない。私ができるのは、この「厳冬」をやり過ごすための「食糧探し」だった。警戒レベル三に入ると、私はすぐに台湾ドミノピザを売却する決定をした。

実にラッキーなことに、二〇二一年の春節の後、世界中に二七〇〇店余りの店舗を持つオーストラリアのドミノピザ・エンタープライズ（DPE）が、台湾ドミノピザの副社長のスコット・K・オールカーズを通じて私に台湾ドミノピザを売却する気はないか打診してきた。スコット・K・オールカーズは台湾ではよく知られた人物である。彼は、台湾のドミノピザのテレビCMに大々的に登場しているのだ。当初、私たちが台湾ドミノピザを買収した後、彼には台湾ドミノピザの副社長になってもらった。二〇二〇年、台湾ドミノピザの純益（六八〇〇万元）にSHGの株価のPER（二五倍）をかけ、一七億元の売値を出した。売却するまでには時間がかかるだろうと思っていたが、思いがけずすぐにOKの返事が返ってきた。

六月一一日、SHGは一七億元で台湾ドミノピザをオーストラリア・ドミノピザに売却することを発表した。これは、三方にとってよい結末であった。台湾ドミノピザはオーストラリア・ドミノピザという強い後ろ盾を得、オーストラリア側は願いどおりアジア市場の開拓に乗り出すことができた。そして私たちの従業員と株主は大きなキャッシュフローの保障を得たというわけだ。計算すると、その時売却した台湾ドミノピザの一七億元、さらに今あるキャッシュ、銀行の貸付限度額を加えれば、SHGが使える資金は三〇数億元になり、二～三年持ちこたえるには充分だった。

二〇二〇年のコロナの時と比べ、二〇二一年には観光産業が最初に致命的な打撃を食らった。私は台湾政府が状況を軽く見てしまうことを恐れ、すぐに支援の策を取るべきだと政府に進言した。

実際、自分が政府に対して提言をしたのはこれが初めてではない。

時間を二〇二〇年一月二三日、コロナ発生当初に戻そう。その時、私は家族と北アフリカにおり、他の多くの人と同じくＳＡＲＳのように数ヵ月で終わると思っていた。

ＳＡＲＳの経験があったため、グループ傘下の各ホテルの総支配人はすぐに体温測定、アルコール消毒など感染予防体制を取った。海外の状況が悪化するにつれ、予防体制を全面的に強化、環境、運営の流れ、従業員とお客様の安全確保など細かな点やポイントに及ぶようになり、コロナ対応の感染予防対策強化版ＳＯＰが定められた。ジャストスリープは台湾全土で最も早く感染予防対策を取ったホテルとなり、後に台湾政府がその対策を業界に参考として提供したほどである。

台湾に戻ると、私は毎日国際ニュースをチェックした。二〇二〇年三月、コロナはヨーロッパに蔓延し、次から次へと国全体の封鎖が行われ、私もだんだんと焦りを感じるようになった。コロナは、ＳＡＲＳにアメリカの同時多発テロ、そして金融危機をすべて足し算したような世界規模の戦いであり、一企業の力だけではやり過ごせない、政府の支援措置を先んじて実施しなければ、台湾を安定させることはできないと判断した。

私は自分の人生で初めての行動に出た。それは産業のために政府に助けを求めることである。

まず、ＳＨＧの独立取締役である高志尚に頼んで、台湾観光協会会長の葉菊蘭に面会した。彼女に産業の危機的状況を説明し、すぐにでも政府からの支援を実施しないと間に合わなくなると提言した。三月九日、葉菊蘭は各ホテルの責任者を集めて会議をした。その日の夜、彼女は私を連れ、当時の交通部長（国交大臣）だった林佳龍に報告に行った。

それに先んじて、私は海外の情報と欧米各国の産業への支援方法を収集し、「三金（税金、賃金、賃貸料）」をそろえた提言を提出した。それは、他の産業に比べて、コロナ禍のホテル業、旅行業はＩＣＵに入れるべき重症患者のようなものであり、重症患者には風邪薬を与えるだけでは足りないことを行政院（内閣）に理解してもらうためだった。

それに、観光産業の就業者数は膨大で、中高年層の労働者が多い。社会問題に発展すれば収束は難しく、失業ブーム、倒産ブームなど「多臓器不全」のような現象になりかねない。そうなれば、他の産業にも拡大し、経済全体が深刻なダメージを受け、もともとはＶ字回復の可能性があった経済成長率を押し下げてしまう。このため、まずダメージが最も深刻な観光産業を安定させるべきである。先手を打ち、台湾経済の回復のチャンスを確かなものにするのだ。林佳龍に報告した後、行政院、国家発展委員会、総統府も関心を寄せ、支援案がスピーディーに可決された。ここで政府からの救いの手に感謝したい。

しかし、なんと次の年も政府に補助を求めざるを得なくなった。とは言っても従業員と産業のため、私はこの時にはそれほど気まずさを感じなかった。

一時休業を強いられた時こそ、まさに進化の時

私は目の前の危機をやり過ごすことだけを考えたことはない。できうるかぎり変化を迎えるための準備を整えてきたのだ。

二〇二一年五月一五日、北部の二大都市――台北市と新北市で警戒レベル三が発令された。行政院は五月二二日に、店内では飲食禁止、テイクアウトとデリバリーのみ可能という告知をした。リージェント台北は五月二五日、ホテルの八つのレストランのメニューのテイクアウトやデリバリーをオーダーできる「テイク・リージェント・ホーム」というECサイトを打ち出した。これほど早くサイトを立ち上げられたのは、すでに先手を打って、サイトの準備をしていたからだ。

二〇二〇年は、リージェント台北のレストランにコロナの影響はなかったが、その年の八月からすでにデジタル化に着手しており、翌年一〇月にあらためてスタートする予定だった。それが半年早まり、私たちは最も早くオンライン、オフラインを統合（OMO化）し公開できたのだ。

一時休業を強いられた時こそ、まさに進化の時だ。私は店内での飲食禁止を一つのチャンスととらえた。二〇二〇年、リージェント台北は客室の転換を完了させていたが、料飲部門は内需が好調で、テイクアウト、デリバリーサービスをしてはいたものの、まだ本当の意味でのOMO化には至っていなかった。コロナはまさに、料飲部門のデジタル

化のチャンスだった。これまでにない危機に直面し、私は逆に期待でワクワクしていた。

ＥＣサイト「テイク・リージェント・ホーム」スタートから二週間後、常温と冷凍の料理、スイーツやベーカリー、リージェントギャラリアのセレクション、世界ＳＰＡトップの沐蘭ＳＰＡの出張サービスといった商品もアップした。今では毎週、人気ベストテン、タイムセール、今週の新メニュー、リアルタイム宅配、アプリ、グループ名店フラッシュ、祝祭日パーティー用のテイクアウト・デリバリーメニュー、そしてお食事を客室で楽しんでいただくグルメリゾートプランなどを実施、ビッグデータの分析も合わせ、毎週アップグレードさせ、イノベーションしている。

こうしたデジタル化の推進は、リージェント台北が以前から持っていたエレガントさに、リアルで実際的な要素の強化を加えることとなった。デジタル化は、誰でもアイディアを実現させられるようにし、スタッフの潜在能力も引き出した。私自身、先頭に立って毎週のグルメ情報を友人たちに送った。五月から八月にかけて、リージェント台北の売上は、台北市の五位までのホテルの合計と同じになった。

デジタル化の中で、私は「ビジュアル・ディレクター」を担当することになった。以前、建築家と一緒にホテルを設計したことはあったが、今度はデジタルの世界である。その中で、私はデジタルの論理も建築と同じだと気づいた。デザイン思考で言うところの「共感性」は、お客様の感じ方から考えること、いわば思いやりなのである。

私たちは運がいい。二度のコロナで致命的な衝撃を受けながらも生き延び、明日へと力強く向かっていけるエネルギーを蓄えられたのだから。

私は、同業や他の業界の反応から、コロナ禍のこの二年間で私たちが行った転換とイノベーションが、業界の手本となっただけではなく、さらに希望のエネルギーをもたらし、各業界の逆境の中での転換を促したことを知った。最も悲惨な状況になったグローバルツーリズム産業に属するリージェント台北でさえ転機とできたのだから、生き延びられない絶体絶命の危機はないのだ。

たとえ最も暗黒の時期でも、必ず光があることを信じてほしい。

リージェント料飲のパイオニア ジャン＝ピエール・ドッセ

コロナによって、現地をターゲットにした料飲事業がリージェントの強みだということがより明らかになった。その料飲の基礎を築いたのは、リージェント台北の二人目の総支配人ジャン＝ピエール・ドッセである。

ドッセは、リージェント台北の総支配人に着任する前は、リージェント・インターナショナルの料飲部門副統括部長を務め、リージェント・ビバリー・ウィルシャーをはじめ、シドニー、メルボルン、ニュージーランドなどのリージェント開業の準備に関わった。また名士たちの飲食の習慣や好みを細かく理解していた。リージェント台北のギャラリーの名物カクテル「リージェント・クーラー」は、一九九三年にエリザベス・テイラーとマイケル・ジャクソンが台湾を訪れた際に提供されたものである。ドッセは、エリザベス・テイラーがリージェント・ビバリー・ウィルシャーに来ると、いつもカリフォルニア産のサンキストオレンジを基調としたカクテル「リージェント・クーラー」を注文するのを知っていた。そこで、リージェント台北でも彼女のためにサプライズとして用意したのだ。その後、これはリージェント台北のスペシャリテドリンクになった。

彼はまた国際的なシェフをゲストシェフとして招くビジネスモデルをスタートさせ、同ホテルの調理チームを育て、さらにその料飲を国際レベルに引き上げた。

一九九〇年代、リージェント台北は料理飲食部門を大きく発展させせようとしていた時期で、ドッセはそこにまったく新しい世界をもたらした。また、外国人だった一人目の総支配人とオーナー側の経営方針の食い違いも彼が解消した。ビュッフェ「ブラッセリー」は現在台湾でトップクラスのレストランと称され、ホテルビュッフェのブームを生んだレストランである。当時、オーナー側はハイクラスなビュッフェのニーズがあることに気づいていたが、総支配人はそれをよしとしなかった。このため、ブラッセリーはランチの時には総支配人が求めるオーダーレストランで、ディナーにはまたビュッフェになるという状況があった。これに対し、ドッセは、地元のお客様に満足していただける飲食市場を重視し、ビュッフェを推した。また、その時代はインターナショナルな五つ星クラスのホテル館内にせいぜい三～四店のレストランしかないのが普通だった。だが、彼はこれを打ち破り、リージェント台北内に八～一〇軒のレストランを設置し、ホテル料飲のトップへと押し上げたのだった。

晶華軒は、日本人デザイナー橋本夕紀夫によるもの。晶華軒に入ると、ガラスに彫刻された毛筆にライティングされた長い廊下が続き、心に落ち着きをもたらす。

第四章　「イノベーション」を盛り付ける食器

学習は、前進のための巨大なエネルギーで、
それは共に学び共に創ることから生まれる。
個人でも、企業でも、社会でも、
人によって構成された組織なら、
このエネルギーによって最大のパワーを発揮できる。

漆喰をはがして「黄金人」となる

私個人で言えば、コロナは多くの収穫をもたらした。

なぜなら、コロナによって世界中のトップクラスの大学がオンラインコースをすべて無料で開放したからだ。私はいくつものコースを履修した。そこには、ずっと学びたいと思っていた建築設計もあった。そこで、ハーバード大学の建築コースを選び、デジタ

ルの世界で、毎日学びの喜びを味わい、すばらしい観点があればそれを同僚たちとシェアした。一〇月、妻が私にヤング・プレジデント・オーガニゼーション（ＹＰＯ）のオンラインコースでポジティブ・インテリジェンス（ＰＱ）のコースがあると教えてくれた。さすが誰よりも私を知っている妻である。もちろん豊かな学びを得た。

ある日、このコースのインド人講師が、タイの黄金仏の話をした。重さ五千キロ、高さ四メートルを超える座像は、タイの三大国宝の一つで、現在はバンコクの黄金仏寺院に祀られている。その世界最大の黄金仏は以前、漆喰に覆われ目立たなくされていた。考古学者が調べてみると、一八世紀にタイがミャンマーに侵攻された時にさかのぼるという。王室の近くの寺院には黄金仏が祀られており、敵軍に破壊、略奪されないよう隠したかったが、あまりに巨大で、僧侶たちは運べなかった。そこで、彼らは仏像に漆喰を分厚く塗り付け、黄金仏を泥仏にした。一九五五年になり、作業員が仏を運搬している時、仏像に縛り付けた縄があまりの重さで切れると、漆喰がはがれ黄金が現れた。人々はそこでやっと中に隠された黄金仏に気づいたのである。

私はこのエピソードに感銘を受けた。なぜなら、コロナ以降のリージェント台北の従業員たちに重なったからだ。彼らはまるで泥がはがれ、しがらみを脱ぎ捨てた「黄金仏」ならぬ「黄金人」のようだ。コロナに負けないどころか、コロナの洗礼を受けながら、デジタル世界でより強さを得た。各ホテルの総支配人たちは、従業員の力を引き出すことに常に尽力し、台湾の最もよいものをそれぞれの地元にもたらし、地元の最もよいものを台湾全土に披露するという、大切なミッションを果たしていった。

早くは一〇年余り前、リージェント台北が国際化を目指していた頃から、私は総支配人の人材育成の重要性を強く感じていた。

ＳＨＧがリージェント・インターナショナルを買収したばかりの頃、私が考えていたのは、どのように人を選び、人材を発掘し、不足を補うかだった。以前は、グローバルなホテルブランドグループの経営と、一つの企業の経営には、それほど大きな違いがないと思っていたが、実際にはまったく異なるものだった。私たちにはさらにオーナーを管理する役目もあったのである。

ブランド総本部の専門人材は、ホテル経営とサービスという専門の実務を理解していなければならず、さらに国を超えたさまざまな運営制度の確立も必要で、コミュニケーション力にも秀でていなければならない。特に、私が出会ったオーナー、例えばヨーロッパのユダヤ人、東南アジアの華僑は、世界の中で最もビジネスにたけた、すご腕の人々だった。そこから、ホテル経営は説得とコミュニケーションの学問でもあると知った。その中で、私は文化融合という経営上の命題――アジアはアメリカ式のホテル管理基準を採用するしかないのか？　華人の視点でのホテル経営や人材育成のグローバルモデルを形成できないか？――を常に考えていた。私はホテル経営を通じて「ベストなアジアモデル」を創り上げることを模索していたのだ。

その後、経営管理の人材やミシュランのシェフなど世界のトップクラスの人々を招き、どのように協力し合えるかを考えるようになった。東西文化の融合の中で、私たちがどうすれば領域を超え、地域を超え、ブランドを超えた統合能力を育成させられるかも考えた。そして長年の苦労は、最も厳しい環境――コロナ禍で花を開かせたのである。

私はチームの本気力とスピードを目の当たりにした。二〇二一年五月にスタートしたECサイト「テイク・リージェント・ホーム」に続き、同年七月二日には、アプリ「晶華会」が登場した。これは、ユーザーとリージェント台北の距離を縮めてくれるものだ。アプリを開けば、すぐにリージェント台北に入れる。私もこのアプリを使って注文し、ホテルの料理がデリバリーされる時間を計ってみることもある。ユーザーの体験を知ることはイノベーションに欠かせず、アプリ公開初期は特に必要なものである。

アプリは、さらにお客様とつながる大切なツールである。そしてデジタル化のポイントは、コミュニケーションがしやすいかどうかにあるため、第一印象のビジュアルがより重要になってくるのだ。

リージェント台北の経営を引き継いでから、私はコーポレート・アイデンティティ（CI）を重視するようになった。もし本当にいいブランドにしたいなら、リーダーが自ら参与した方がいい。なぜなら、CIは、企業理念に関わるマインド・アイデンティティ（MI）、行動・実践に関わるビヘイビア・アイデンティティ（BI）そして、視覚面のビジュアル・アイデンティティ（VI）が組み合わさったものだからだ。簡単に言えば、MIは考え方、BIはやり方、VIは視覚的な伝え方である。新しいブランドを創り出すたびに、私自身、MIとVIに特に注意し、コンセプト、ネーミングからビジュアルのスタイル、マークなどすべての部分に参与してきた。BIについては総支配人に実行をまかせている。なぜなら彼らはホテル管理制度において、私よりプロフェッショナルだからだ。

私はデザインすることを愛し、常に研鑽を積んできた。そして、ユーザーが最初にグループのデザインと製品を見た時に、見た目もよく実用的だと感じてほしいと考えている。スタッフの提案に対して、私は常に消費者目線からフィードバックするようにしている。パッケージは魅力的か？幸福感を与える色か？過剰なデザインになっていないか？環境保護が考慮されているか？色やフォントなど、デザインのすべてにこだわりがあるのだ。

私にとって、リージェント台北は「シンプルでエレガント」な美学のシンボル的な存在であり、そのデザインの中には四つのルールがしっかりと織り込まれている。この四つとは、天と地の「バランス」、東西の「融合」、完璧な「対称」、極められた「比率」である。

デザインは、「なんとなく」できたものや一人よがりであってはならず、相手の立場から考え抜かれ、大衆に寄り添ったものでなければならない。リージェント台北では、方向が違っている場合にゼロからやり直すことは日常茶飯事だ。リアルからデジタルへ移っても、その創作の精神は変わらない——人にやさしいデザインを基本に、最もよいものにこだわり、永遠にそのこだわりに向かい創作し続けるのである。

共同学習を通じて難題を解決

オンラインのオーダーシステムができると、オフラインのサービスがしっかりと対応できることが重要になる。私にとって、それはリアルで新しい創造の旅だった。スタッフの誰もが腕まくりをして、サービスの現場をサポートし、多くの不可能な任務をなしとげていった。その過程は苦労の連続だったが、共に学ぶ楽しさに満ちていた。

コロナ禍は私に、企業とは共に学び共に創る存在であり、危機とは各人の潜在力を極限まで引き出すチャンスなのだと実感させた。私には心に置いている命題がある。それは、リーダーの真の役割とは何か、というものだ。

私は、「誰でも、リーダーとしての未開発の潜在能力を持っている」というイエズス会の言葉が好きだ。ヨーロッパのイエズス会は、世界各地の仲間と共に歩んできた団体である。彼らは、管理者の仕事は新しいメンバーにすべきことを説くことではなく、メンバーが自ら何をすべきか察知できるようにすることだという。

私はここから、リーダーとして最も重要な課題とは、企業のエネルギーが循環するシステムをつくり、エネルギー輸送のパイプがつまらないようにすることだと知った。もしこの点が達成できれば、エネルギーは循環を続け、危機の中で再生でき、転機によって生まれ変われる。私自身のやり方は、共に学び、難題を解決できる提案を皆で共同創作するようにしていくことである。

例えば、ホテルの料理をデリバリーした際、それをお客様の家でどう再現するか、という問題がある。晶華軒で絶対に注文すべきタラバ蟹入りスープご飯――これは香港人の総料理長である鄔海明のスペシャリテで、多くの常連客に愛されてきた料理だが、どうすれば、ご自宅でも店内で食べているようなおいしさに近づけられるだろうか？

この料理のスープは、イセエビ、シャコ、白エビの殻に含まれるオレンジ色の天然色素キチンが溶け出すまで、三時間じっくり煮込んだものだ。香港人は、エビは漢方的に体を温める食物で、蟹は冷やすものだから、両者を合わせれば中和すると考える。そのため、この料理では北海道のタラバガニ、オーストラリアのロブスター、生で食べられるほど新鮮な北海道のホタテが主役となっている。晶華軒で食べる時は、専門スタッフがつき、まずスープを沸騰させ、料理の説明をしながら、新鮮なフクロダケ、魚介類（タラバガニとロブスター）、チンゲン菜、セロリ、澎湖ヘチマ（柔らか過ぎる部分を除いたもの）、ホタテ貝（さっとゆがいたもの）を順番どおりに入れていく。そして、揚げてあるタイの長粒米をスープに入れ、スープのエキスを吸わせるのだ。

シェフたちが心配していたのは、デリバリーすると配達の時間が長すぎて、おいしくなくなってしまうのではないかという点だった。このような場合、自前のデリバリーチームがあればいい。グループでは、ドミノピザを経営していたため、すぐにデリバリーチームを設立し、シェフたちの不安を払拭した。さらに、ユーザーが自宅でどう調理するか考えた。

そこで、シェフが家に来てくれたようにお客様が手軽に素早く料理できる「Ready to cook」というサービスを考案した。まず食材を三つに分けてパックした。スープのパック、魚介類と野菜などフレッシュな食材を入れた円形のパック、素揚げしたタイの長粒米のパックである。そしてシェフの動画がオンラインで見られるＱＲコードを同封した。デリバリーでもテイクアウトでも、ユーザーはＱＲコードを読み込んで、動画の手順どおりにスープを沸騰させ、食材を入れ、テーブルに運ぶ前に米を入れれば、わずか一〇分で出来上がりだ。多くのユーザーから、お店で食べているようにおいしかったとコメントをいただいた。おかげで、テイクアウトやデリバリーでもホテルの料理を自信を持って提供できるようになり、さらにクラウドキッチンのニーズというビジネスチャンスも見出した。

もう一つ、客室と料飲が共に学び難問を解決した実例を挙げたい。コロナ禍では、国際的なゲストを迎えるプレジデンシャル・スイートがずっと空いているが、どうするか？この問題に対して、まずはリージェント台北のプレジデンシャル・スイートのストーリーをどのように語るかを考えた。特色はなにか？どんな文化的資産があるのか？どのようなバリューを派生させられるのか？などだ。

まず、多くの人が興味を持つのは、リージェント台北のプレジデンシャル・スイートにこれまで宿泊した海外の首相、世界的なリーダー、大スターなどその時代に多大な影響力を持つ人々のことである。二四時間対応のプライベート・バトラーは、リージェント台北のプレジデンシャル・スイートが長年海外からも評価されてきた特色である。また私たちは、台北で初めてイギリスのプライベート・バトラーのトレーニングシステムを導入し、バトラー部門を設立した。マイケル・ジャクソンが台湾でコンサートをした時には、突然木の板のダンスルームが必要だということになり、バトラー部門がスピーディーに隣の部屋を改造し、マイケルの台湾でのレッスン場とした。リージェント台北のバトラーは、お客様のニーズがあり、それが合法的なら全力を尽くすのだ。

私たちは、世界的に著名なビッグスター、ミシュランの美食、バトラーのサービスを、プレジデンシャル・スイートを活性化させるポイントとすべきだという結論に達した。そこで、客室部門と料飲部門は「ミシュラン・ビッグスターの旅」というプランを共同創作した。これは、ホテルのトップにあるタイパン・オフィスフロアに宿泊すれば、二四時間対応のバトラーがついたゲストルームが使え、さらにフロアをぶち抜いたプレジデンシャル・スイートをプライベート・レストランとし、ミシュランのシェフによるディナーが楽しめるというものだ。また、リージェントギャラリアに入っているミシュランの星を獲得した二大レストラン「Impromptu by Paul Lee」と「コースト」ともリンクさせた。

組織に学習の心を注入

数年前、ピーター・M・センゲは『学習する組織』を著した。私は、ずっとそれに憧れ、いつか「SHG大学」を創設し、スタッフが教師となり学生となって、世代を超えた相互学習ができないかと思っていた。

私は、どの組織でも学びの精神を注入しなければ、永続的な運営は難しいのではないかと感じてきた。このため、常に自分の企業を共同学習、共同創作が可能な「学習する組織」にしたいと考えてきたのだ。

国際的な大手ホテルグループは、スタッフへのトレーニングを非常に重視している。SHGも当然、例外ではない。例えば、新入社員にはまるまる二日間の企業文化とサービス理念の研修、その後の部門での研修を実施、月ごとの在職研修もある。また、観光局、政治大学と協力し、コーネル・ホテルスクールの教授を台湾に招いて、観光産業の上層部の研修コースを開設した。総支配人と新世代の運営人材の育成のため、在職での研修やトレーニングのほか、部門や世代を超えたコーチプロジェクトの推進、SHGのEMBAクラスの設立などを実施した。ただ、以前は非常に忙しく、小規模にやるしかなく、私が考えていた「学習する組織」にはほど遠かった。

しかし、コロナ禍では、政府からの支援と観光産業の人材育成プロジェクトが推進され、「SHG大学」を本格的に開始するきっかけとなったのである。

一年目には政府からの支援を得て、台湾で初めて企業が自社で行うトレーニング専門クラスを開設した。ここでは、全従業員が四ヵ月以内に一二〇時間分の授業を履修しなければならないことにした。さまざまなコースが開講され、私もこれをきっかけに、毎週月曜日の講座「リージェント・トーク」で各総支配人と今後のビジョンやイノベーションについて語り合い、組織のインテリジェンスを継承することになった。従業員はそれをスマホやパソコンで見られる。私はまたスタッフに、全ホテル、全部門、全レストランで自身のSNSを運営するよう求めた。このために、デジタル・マーケティングのコースを開設し、各ホテル、各部門、各機関のSNSの管理人を育成した。私が望んだのは、現場のスタッフの声がユーザーに届く温かみのあるものにすることである。

二年目は、一年目ほど開講した時間数は多くなかったが、七～八月に集中させ、スピード感を持って実施した。人事部には、オンラインコースを中心にし、どのクラスも五～一〇人のゼミの形にし、学生が存分に先生と話せるようにしてほしいと言った。これは、ホテルを超え、千人ものスタッフが共に学ぶ中で成長するプロジェクトだ。学習の延べ時間数は一〇万時間にも達した。人事部はホテルデザインと美学、収益管理、クルーズバトラーケーススタディ、セルフメディア、マーケティングとセールストレンド研究、顧客対応術、営業諸表分析とディスカッション、4DXケーススタディ、R12（第八章参照）での高満足度労働環境の構築など二〇以上のコースを開設した。

スタッフは好きなコースが選べるが、必ず部門を超えたコースもなければならないとした。人事部の話では、人気のあるコースは秒殺で定員に達したという。SHGの人間は、以前は仕事で忙しかったが、コロナ禍でも立ち止まることなく、勉強にいそしんでいたのだ！

メディチ・エフェクトの創造

私は、学習する組織のポイントは、時間数ではなく、メディチ・エフェクトが創造できる「共に学ぶシステム」を構築することに気づいた。

メディチ・エフェクトとは、中世期ルネサンスにおいてメディチ家が重要な役割を果たして生み出した社会への影響のことである。このフィレンツェの金融一族は文化や芸術を厚くサポートし、絵画、建築、詩歌、彫刻、音楽などさまざまな分野の人材をフィレンツェに引き寄せた。さらに場の力と豊富な資金で、フィレンツェはルネサンスの発信地となり、ヨーロッパ全体へと拡散していき、歴史的に輝きのある時代を創り出した。

私は、学習型の組織になることは、メディチ・エフェクトを生み出す食器を作るようなものだと考えた。「イノベーション」というスパイスを用いて、異なる分野の人材が集い、垣根を超えて共同創作をするには、それを入れる食器が必要なのだ。

簡単に言えば、分野を超えた交流の機会をつくることである。異なる文化、知識、専門性が一つの場所で出会い、対話すれば、驚くべきイノベーションが生まれやすくなる。

まだ台湾が世界的な名シェフ江振誠を知らなかった時代、リージェント台北は彼をゲストシェフとして呼んだ。世界の名シェフを台湾に呼ぶことで、台湾の地元食材も世界に知られることとなった。

現在のＳＨＧは、すでにブランドや国籍を超え、ホテルを超えたメディチ・エフェクトが生まれている。コロナ禍のこの時代、私たちは多様な職業能力や継承の方法もリーダー研修システムに取り入れた。

私は旅行も好きだが、それよりもっと学ぶことを愛している。

二〇二一年一二月、私は企業内の学習プラットフォームを「ＳＨＧ大学」と正式に改名した。これは「共に学び、共に創り、共によくある」ためのプラットフォームで、さらに「思いやり」も加えた。この四つは、ＳＨＧのリーダー人材が目指す柱と見なすことができる。

「共に学ぶ」――自分で気づく能力を向上させ、自分の長所や短所、バリューとビジョンを理解する。そして、常に変化する将来とイノベーションに対して、スタッフと共同学習し、最高を目指すことをやめない。

「共に創る」――私たちのすべてのアクションをより優れたものにするため、共同創作し続ける。自分や家族、お客様に安心や幸福をもたらし、全方位的な福祉を追求し、最もよいものを地元や世界に見せる。

「共によくある」――前向きで関心を持つ態度で社会に寄り添い、企業の社会責任を尽くし、ＥＳＧに取り組み、グループの中心的な強みにつなげ、永続的な発展を推進する。

「思いやり」――すべての思考の根源であり、行動の指針である。できうる限り愛、情熱、共感性をもって自分と他者を励まし、他者も自分も目標を達成できるようにする。

共に学び、共に創り、共によくあり、思いやりを持つ。これによってよりよいものを創造し、古い世界でのゼロサムゲーム（勝ち負けを足せばゼロになる）を脱却し、誰もが利益を得られる非ゼロ和ゲームへと移行しなければならない。コロナの後に迎える新しい世界では、お互いが勝者となる気持ちが必要だ。

私は今後、ＳＨＧのすべての人間がこの四つの概念を柱にリーダーシップ力を開発することを願っている。リーダーシップとは集団を率いることであり、大小の違いはあるが、誰もがそれぞれの影響力を持つべきなのだ。一人の人間が同僚、お客様、家族の「心の温度計」[注]（図３）を「落ち込み」や「怒り」のマイナス二度から、「うれしい」「楽しい」のプラス一度にできれば、リーダーとして成功したと言えるのではないだろうか。

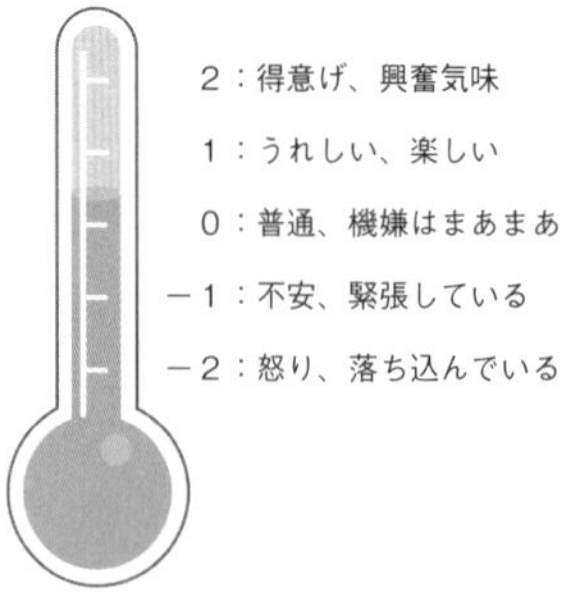

図3. 心の温度計

（注）「心の温度計」は当初はリージェント台北のスタッフがおもてなしの際に、お客様の満足度を自己評価する際のアイテムだった。潘思亮はこれをきわめて重視し、組織管理にも採用した。

潘思亮のリージェント台北グルメリスト

二〇二一年、台湾のグルメ評価のイベント「グルメ五〇〇皿」の発表会で、晶華軒は八皿を獲得した。司会者の蒋雅淇は私に、もし一皿しか投票できないとしたら、リージェント台北のグルメから何を選ぶか尋ねた。私は考えながら「ロビンズサラダバーです。最も新鮮で豊富な材料を使って、自分にとって最高においしくヘルシーな一皿が誰でも作れるからです」と答えた。

リージェント台北の飲食文化は、伝統を受け継ぎながらイノベーションをしたものである。ここで私のリージェント台北グルメリストを公開しよう。リージェント台北は、食については「その人次第」というモットーがあるので、ぜひ皆さんにはこのリストをこのホテルのグルメを知る手がかりとしていただき、リージェント台北で自分だけのおいしい思い出を作っていただきたい。

お客様をもてなす時、私は「晶華軒」の「晶華水席（スープ・ペアリング）」を合わせるのが好きだ。それは、数年前に河南に招かれて味わった、ご当地の老舗の「洛陽水席」からインスピレーションを得たものだ。これはスープを料理に合わせたコースで、どの料理にも小さなお椀に入ったとろみのあるスープが付いている。その味は、台南の小皿料理の肉団子スープや魚スープによく似ていて、甘味や酸味がある。私は店の人に「台南の方が開いたお店では？」と尋ねたが、あやうく店からつまみ出されるところだった。店の人によると、このコース料理の由来は、唐の武則天が皇帝を称した時に、「水が集まり自然と河になるように」自然に物事がうまくいくことを願い、河洛料理の髄を集めてふるまった「水席」という宴会料理だったのだ。

ここ数年、リージェント台北はずっと台湾の食文化を推している。私はこのコースを食材、味つけ、茶と料理の組み合わせなどが台湾の食文化と通じ合うことを発見した。加えて、晶華軒のメインシェフである鄔海明は、広東系のスープの名手である。このため、「水が集まり自然と河になるように」リージェント台北でも「晶華水席」を出すことにした。水席のコースの最後をしめるのは、もちろん晶華軒の看板料理であるタラバ蟹入りスープご飯である。それはデリバリーもされており、私が家の週末の食卓で最も愛するメニューだ。

晶華軒のメインは香港マカオの料理だ。しっとりと甘味のある豚肺の杏仁スープ、チャーシュー、ダイコンパイ、タラバ蟹料理、大盛りのかき氷、隠しメニューの蟹入り肉団子。また、水出しを二回した北埔東方美人ウーロンシャンパン茶が登場してからは、酒ではなくお茶を飲むようになった。これは新しいスパークリングティーで、シャンパングラスに注げば、まるで黄金色のシャンパンのようだ。グラスの底からゆったりと細かい泡が立ち上り、はちみつと金柑のさわやかな香りが食事によく合う。

私は本場の上海料理、特に大衆的な料理が好きだ。リージェント台北の二階にある四川料理と上海料理のレストラン「蘭亭」の田ウナギとニラのソテーは絶品である。また蘭亭で推薦したいのは、雪菜と百頁豆腐の炒め物、東坡肉、牛テールの煮込み、イシモチの甘酢あんかけ、天然スッポンのスープ、そして「料理の鉄人」陳建一が教えてくれた麻婆豆腐である。

「ロビンズグリル」のステーキはもちろんすばらしい。サラダバーはさらに絶品で、多くのお客様がこのサラダバーのためにいらっしゃる。グリルと鉄板焼きで使用されている牛肉はすべてシェフの陳春生が選び抜いたものだ。彼のアンテナに引っかかるのは、最高級の牛肉や和牛クラスの肉などである。ロビンズに来れば、値段以上のものが食べられることは確実だ。特にTボーンステーキは、家族や友人同士でシェアするのに向いている。だが、私が最も推薦したいのは、ロビンズのイベリコポークのソテーだ。実を言えば、それはビーフステーキよりもうまい。子供からお年寄りまで楽しめるビュッフェ「ブラッセリー」では、台東の成功漁港から直送された新鮮な魚介類がお勧めで、シーフードスープは特にうまい。

もし簡単なものが食べたいなら、中庭の「azie」は、現代的な東西の美食を食べるのにすばらしい選択だ（ピザ、ミートソースボロネーゼ、石焼ビビンバなど）。

香り高いXO醤エビとホタテのチャーハンも実にいい。私だけでなく、国巨（ヤゲオ）グループ会長の陳泰銘の好物でもある。もしスパイシーワンタンが好きなら、ぜひ私たちのニューヨーク風スパイシーワンタンを試してほしい。私がニューヨークでピーナツバターを加えたスパイシーワンタンを食べた後、その味が忘れられず、台湾に戻りリージェント台北のシェフにそのメニューを開発してもらったのだ。もちろん、リージェント牛肉麺とチャンピョン牛肉麺はマストイートだ。私は自宅では、牛肉の量を二倍にした冷凍ダブル牛肉麺も作る。

二階で飲めるカクテル「リージェント・クーラー」と、バターで仕上げたロブスターロールもリストアップしたい。地下三階の「三燔本家」はすき焼きで有名だが、食材の味をそのままに活かした蒸籠蒸しもいい。牛肉を蒸籠に入れ、火鍋から立ち上る湯気で蒸したもので、肉そのものの味を存分に楽しめる。タラバガニ三昧も必ず注文したい。もし甘党なら、リージェント台北のバナナチョコレートムース、フルーツミルフィーユは試してほしい。ミルフィーユは手間のかかるケーキだが、濃厚でありながら後味はさっぱりしている。また娘のクリステンが大好きなケーキポップと北海道ロールケーキも忘れてはならない。

リージェントギャラリアに入っているレストランもお勧めだ。例えばミシュランの星クラスのシェフ林泉の「コースト」、李皞「Impromptu by Paul Lee」は、ECサイト「テイク・リージェント・ホーム」でも料理を提供している。このオーダーサイトでは、李皞のグリルチキンセット、林泉のタイ風スペアリブセットが期間限定で提供され、これも我が家が必ず注文するメニューだった。ミシュランクラスのヴィーガンレストラン「Curious」のウィリントンステーキは、ヴィーガン料理の代表作である。「Coquology 料理生活」のフランス風ベシャメルソースとチーズハムサンドイッチは、濃厚なチーズ味、北海道からの「椿サロン」のテイクアウト用ワッフルフルーツサンドイッチなどは、軽食を取りたい時にお勧めだ。

テイク・リージェント・ホーム

リージェント台北の味

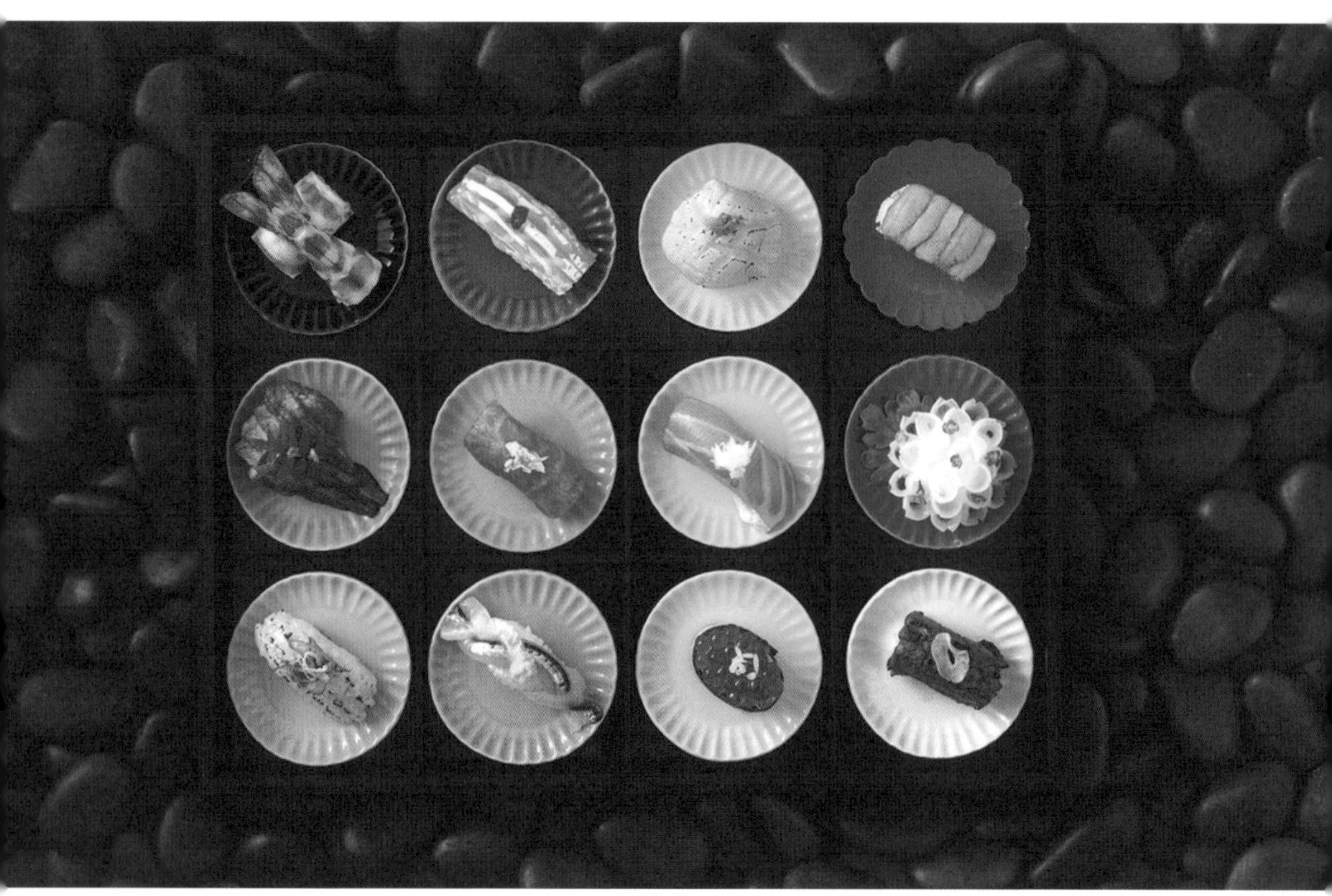

リージェント台北は台湾地元の食材を用い、数々の名物料理を創作、いずれもその名を知られている。コロナによる転換で、リージェント台北はテイクアウト、デリバリーサービスを推進、家でミシュランクラスの料理のおいしさが存分に味わえる。

業績、来客数、そして市場での評価などいずれも業界をリードし、「天下第一レストラン」と称されるビュッフェ「ブラッセリー」。漁港から直送される豊かなシーフードが毎日ずらっと並ぶ。

故宮晶華（シルクスパレス）で提供している「国賓宴」は、翠玉白菜、肉型石、苦瓜白玉などの文物をかたどった美食。ユニークなデザインの「ミニ楊貴妃桃まん」も目を引く。

晶華軒の「タラバ蟹入りスープご飯」と12人以上でシェアできる「大盛りかき氷」。
いずれも名物料理で、大人気のグルメだ。

エピローグ

リージェント台北不敗の秘密——Theリニューアル

企業経営では、たとえ順調な時でも、不安や疑念、恐れがあるものだ。本当のリーダーとは、そんな中でも正確な選択をし、有効な行動ができる人間である。

変化は物事の天性であり、人間世界のすべてのことに始まりと終わり、未知性と不確実性がある。潘思亮とＳＨＧは、まだ世界で最も独特なホテルグループとなる途上にあるが、変わらないのは、何度も押し寄せる危機の中で、彼らが転換を目指し、そこから転機をつかみ、新生を迎えることだ。こうした転換の流れは、宇宙的な視点を有する再生システムの循環（Theリニューアル、図4）を形成し、またリージェント台北不敗の秘密にもなっている。

これを太陽系に例えてみよう。太陽系は、内側から外側に水星、金星、地球、火星、木星、土星、天王星、海王星と惑星が並び、もう一つ冥王星（天文学者

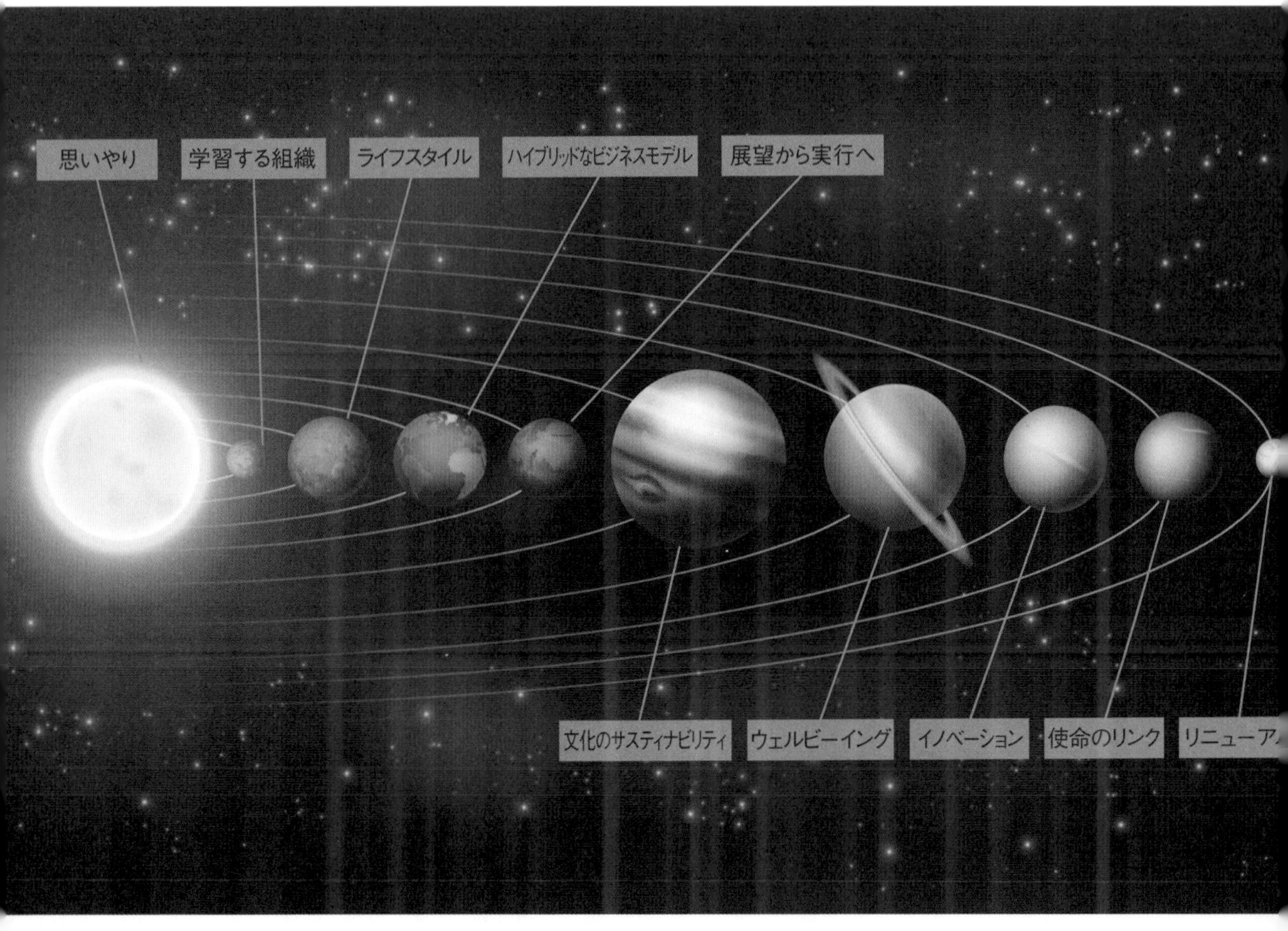

図4．再生システムの循環

の間でこれを九番目の惑星とするか準惑星とするかで議論されている）がある。どの惑星も自身の軌道がありながら、直接太陽の周りを運行している。

「思いやり」はまさに太陽系の中央に位置する太陽である。それは再生システムのエネルギーの源と物事を進める際の法則であり、また再生を起動させる旅のコアの精神である。太陽は、光と熱を提供し、魂の源であり、万物がめぐる中心である。人間は、その動きで時間を定め、めぐる四季を形成する。多くの文明の中で、光とパワーをもたらす太陽は命を与えるものの象徴となっていることもわかる。

その他の惑星は、この再生システムで表される発展面と実現を創造するプロセスを意味している。近くから遠くへそれぞれ学習する組織（神話の中の水星はコミュニケーションと学習を象徴）、ライフスタイル（金星は美学とテイストを象徴）、ハイブリッドなビジネスモデル（地球は地に足のついたモデルを表現）、展望の実行力（火星は行動力を象徴）、文化のサステナビリティ（木星は神話の中ではゼウスであり、太陽系で最大の惑星で、成長とチャンスを象徴）、ウェルビーイング（土星は構造と秩序の構築と勤勉さによる豊作で、ここでは人類福祉の追求を象徴）、イノベーション（天王星は変革力とイノベーションを表徴）、使命のリンク（海王星はイマジネーション力と超越を象徴）、そして最終目的の「リニューアル」（冥王星は危機の転換と羽化するパワーを象徴）である。

リージェント台北がスタートさせた再生の旅は、「学習する組織」の創造と実現を通じて、ニーズやトレンドに合った「ライフスタイル」を共同創作し、再生を実現可能なものにした「ハイブリッドなビジネスモデル」、そして展望を行動へと移す「実行力」に昇華した。同時に、文化のサステナビリティと人類福祉（ウェルビーイング）が根付くよう努力を続け、ＳＨＧが存在する「使命」——世界の最もよいものを地元へ、地元の最もよいものを世界へ——にリンクさせ、これにより「イノベーション」の力を掘り下げている。

実際、東西文化において、例えば西洋の十字架、東洋の太極陰陽図は、転換が世界の運行に不可欠な要素であることを示している。

西洋では、十字の記号は、物質世界の中心を意味している。教会は、円頂の真下に十字架が配置されている。十字架はまさに苦しみや死を転換させるものなのだ。これが使われているのは建物だけではない。天文学の惑星の記号、社会文化的によく用いられる男性と女性を表す記号も、円と十字が組み合わさったものなのだ。円形は心を、十字は物質を象徴する。もし円形が上で、十字が下なら、女性と金星の陰のエネルギーを示す。もし十字が上で、円形が下なら、男性や火星的な陽性のエネルギーを示すのである。

東洋の太極陰陽図は、さらに転換が動きのあるプロセスであることを直接的に示している。白黒が半分ずつの円形、白の半円の中には黒い点が、黒い半円の中には白い点がある。黒い点と白い点はまさに二つの転換点であり、二つの点の端こそが人生の成長の道のりなのだ。それはまさに老子の言う「災いは福のよりどころ、福は災いの隠れ家」である。すべてが順調な時、予測できない災いがこっそりそこに隠れており、またなにかを失った災いの時には新しい希望がわいてくるかもしれない。

致命的な危機に直面した時、考えるべき問題は、生と死だけではなく、さらに深い存在意義――どう生きることが本当の復活なのか――である。

あなた自身の再生システムを考え、創造して、それを勇敢にスタートさせてみてほしい。

何度も押し寄せる危機の中で、SHGは転換を目指し、そこから転機をつかみ、再生を迎える。(写真はリージェント台北のベルボーイ)

第二部

羽化——新生の旅の共創

真の発見の旅とは、
新しい景色を探すことではない。
新しい目で見ることなのだ。

The real voyage of discovery consists
Not in seeking new landscapes,
But in having new eyes.

――フランス人作家マルセル・プルースト

プロローグ

ホテルマンの知恵——超越から卓越への前進

ホテルは見えない都市である。どの都市も住人の個々のストーリーがあり、都市のスタイルを豊かにしている。

台湾らしさは、人々のすばらしさによって作られ、台湾の最も美しい風景は、その多様性から生まれる。全面積の六割にも及ぶ森林、海抜〇メートルから三千メートル超もの高い山、三〇〇もの起伏にあふれた地形、熱帯や温帯から寒帯を含む恵まれた自然など、この島は神からの恩恵にあふれている。すばらしい人と豊かな自然は、さまざまな都市風景を造り出す。あざやかな景色が旅人たちを引き付けるエネルギーは、きわめて大きなものなのだ。

ＳＨＧ（シルクスホテルグループ）は、その中でも異彩を放つ存在である。国際的には、特にコロナ発生後、絶体絶命の状況の中でのＳＨＧの放つエネルギーが絶賛された。そのエネルギーも「人々のすばらしさ」と「多様性」から生まれたものなのである。

それは、ＳＨＧの企画力やデザイン、マネジメント力を取り入れたリージェント重慶にも貫かれている。もちろん、台湾の古都である台南のシルクスプレイス台南、台湾の重要な道路「東西横貫公路」の峡谷にあるシルクスプレイスタロコ、さらに温泉の名勝地にアートや文化を集めたウェルスプリング・バイ・シルクスも同じだ。

例えば、新北市の三重には、非常に美しいインダストリアル系のジャストスリープ三重がある。そのコンセプトは、その建物が以前は当地の名家の繁栄の基礎になった建物――隆発製材工場であったことから来たものだ。世界各国や地元の手法を取り入れ、ニューヨークＳＯＨＯのインダストリアルなテイストと地元の赤レンガ建設を合体させた。館内では、現代的なインダストリアル系のテーマに合わせ、文化的な創造性で遊び心を加えた部分が見られる。例えば、吹き抜けのロビーに木の梯子や鉄のチェーン、電球で作られた大型のインスタレーションを設置し、客室内のマグカップも取っ手がドライバーやインパクトドライバー、トンカチのデザインなど楽しいものになっている。三重にこれまでなかったクリエイティブなスタイルで、オープン一ヵ月目には損益分岐点に達し、ＳＨＧの最速記録を樹立した。

トータルライフスタイルのバリュー・イノベーション

各都市に進出したＳＨＧは、その地域の産業や経済を牽引していると言ってよい。従来のホテル産業の枠を超えたビジネスモデルを切り開き、ホテル経営でバリュー・イノベーションをしているのである。

イノベーションは、新しいサービス体験を創造し、ブランドに付加価値を持たせ、より完璧なサービスプランを提示することができる。これまでは、バリュー・イノベーションには、サービスと商品の「トータルライフサイクル」を考えればよかった。だが、消費のプロセスとアフターサービスなどを包括的に検討するという考え方によって、現在はユーザーのニーズにマッチしたサービスと製品に「トータルライフスタイルのサイクル」のコンセプトを注入する必要がある。これはまさに他者の幸福を思いやる考え方である。

このため、ＳＨＧはグループの料飲部門の実力や質の高いサービスを結集し、トップクラスのマネジメント力を発展させ、コミュニティのプロパティ・マネジメントにも参画している。これによってさらなる差別化ができ、ブランドによる資産価値も高められている。コロナ禍においてデジタル化をしたＳＨＧは、インターネット上のバトラーや定期的なデリバリーサービス、プライベートパーティーやオーダーメイドクラスなどオンラインでのサービスを充実させ、「トータルライフスタイル」でのバリュー・イノベーションが進んだ。

ホテルブランドのほか、SHGは海外でホテル式レジデンスのブランドを発展させており、ホテルとレジデンスを構築する総合デベロッパーになっている。

このモデルは、デベロッパー、レジデンス・カスタマー、マネジメント会社の三者すべてが勝者となる形だ。オーナーはレジデンスの販売での収入によって、ホテル建設のコストを早めに回収でき、ホテル営業後も長期的なキャッシュフローが続く。これまでの一〇年ほどで、リージェント・インターナショナルは、東欧のポルト・モンテネグロ、ベトナムのフーコック島、インドネシアのジャカルタ、アメリカのボストンなどに旗を指し、スタンダード・ブランド「リージェント・レジデンス」を打ち立てた。開発案はいずれも完成前にすべて完売という業績をたたき出した。

コロナは、巣ごもり経済を前面に押し出し、急速に進化させた。そんな中、SHGは、リージェント・レジデンスの成功体験を台湾に持ち帰り、より精緻なライフスタイルを提案した。実際、SHGはもともと豊かなプロパティ・マネジメントのサービスを有している。新光信義のマンション「ジャスパー・ヴィラ信義」、上海の「トムソン・リビエラ」は長年のクライアントである。

「潘思亮のように国際ホテルのトレンドを正確に把握できる管理者は実に少ない」と指摘するのは、潘思亮の大学院の後輩で、ストーム・メディアの社長である張果軍だ。ＳＨＧが常に業界の先を行っている最大のポイントは、会長である潘思亮が市場変化を正確に見極め、金融ツールを活用してイノベーションをしているためだという。

張果軍は、潘思亮の投資事業の長年のパートナーでもある。当初二人はそれほど親しくはなかったが、校友会や投資関係で知り合いになると、潘思亮が彼をＳＨＧの取締役に招いたのだった。張果軍は常に潘思亮のグループ経営を見てきた。また彼を尊敬しており、多くの要素を考慮しなければならない投資の世界の出身でありながら、綿密で細やかさを求められるホテル業を率いている。「大局を眺めつつ、細かいところに目を配るのは、誰でもできることではない」と張は言う。

ホテルはＥＳＧの場

ホテルはまたツーリズム業のバリューチェーンの一部でもある。それは、製造業のＯＥＭ、ＯＤＭといった縦方向の発展とは異なり、多様性を有する産業を超えた横方向のラインだ。その地方ならではの文化を用いて、地元と「共創」する力へと伸ばすことができる。だからこそホテルサービス産業は魅力的なのだ。それはまた潘思亮が言うところの――人生の喜びと幸福感をシェアすることを目的とした——自然なESG（環境・社会・ガバナンス）の場なのである。

よいホテルとは旅行者にとって都市のランドマークであると同時に、空間理論、土地開発、都市計画、文化資産に重きを置いた建築作品のようだ。それは人々に溶け込み、都市と「共によく」あり、ライフスタイルを潤す養分となる。さらに優れた経営管理が資本を循環させ、所在地である都市にスタイルエコノミーの価値を与えるのである。

また、環境とバランスがとれているのもよいホテルの条件だ。建築物という形ある空間も、おもてなしや経営といった形のない部分も、生産地から食卓までのサプライチェーンの管理やヒューマニティー、産業の特色、自然環境といったリソースを運用し、クリエイティビティ、美学、ライフスタイル、旅行を地元に結びつけている。ホテル経営者は環境に対し、こうした発想をしているのだ。

だから、ホテル管理を成功させるには、物質レベル、行為レベル、そして精神レベルの三層を包括していなければならない。物質レベルは、外への表現であり、空間設計や施設といったハードウェア、行為レベルは物事を行う際のルールといったシステムであり、またスタッフの作業や手順の基準（SOP）でもある。

精神レベルは、企業の経営哲学、価値観、職業倫理や姿勢、ホテルの精神文化などを指す。深層のイデオロギーであり、最も直接的に表れるのは従業員の品格である。それは、長期的な育成が必要で、物質レベルと行為レベルの基礎となる。この三つのレベルがしっかりと結びついていれば、その集団は非凡なものになる。イノベーションのＤＮＡが組織文化にきちんと根付き、従業員個人のバリューを表現することが奨励され、企業のビジョンと目標が実現可能となるのだ。

三〇年余りにわたり、ＳＨＧはこの三つのレベルを常に高め、企業の成長を求める意欲を形成し、多くのすばらしいホテルマンを生み出してきた。また一方で、これらのホテルマンの人生のストーリーからは、ホテルが人権を重んじ、本来的に平等な職場であることが見いだせる。どの社会的階級でも、個人の努力で生き方を極められるのだ。

二〇年余りもの間、企業のトップとして、潘思亮は経営に確固たる理念を持っている。

「ホテルという業種は、多様な人々に労働を提供できます。博士と社会的弱者が一緒に働けて、異文化同士が共存できます。全世界で最も男女平等な産業でもあるかもしれません。ＳＨＧの場合、女性従業員は五割以上、取締役会も半分は女性です」。

求道心と戦術――四つのエネルギーと四つのＰ

第一部では、自己超越の転換の道を描いたが、第二部ではSHGが絶体絶命の中で希望を見出し、転換、再生へと到達する道のりを述べていくことで卓越した企業となったポイントがつかめるだろう。なぜ彼らは危機のたびにそれを乗り越え、再生できるのだろうか?中には、それができない企業もある。また、三〇年以上もホテル経営に携わってきた者が、若々しい起業家のような創業精神を維持できるのはなぜだろうか?SHGはまさに創業精神にあふれた会社である。成功は運がよければ可能だが、達成はそれだけではなし得ない。

第二部では、「風、土、火、水」という四つのエネルギーからSHGを分析し、超越から卓越へと成長していくプロセスを読み解く。同時に、四つのエネルギーはそれぞれSHGのブランド哲学（Philosophy）、サービスと製品のイノベーションの考え方（Product）、組織の実行力と人材育成（People）、そして企業の未来への展望と存在目的の形成（Purpose）という四つの面（四つのP）に対応している。

四つのエネルギーと四つのPは、SHG経営の求道心と戦略のようなものだ。それは、方策を考える際の基本であり、成長曲線をつかみとるためのものである。一方では精神性を保ちつつ、もう一方ではまたチームの進歩を刺激する。求道心と戦術はまた道教哲学の陰陽太極のようなものでもある。四つのエネルギーは求道心に呼応したもので、SHGに永続的な中核となる精神、そして信じるべきバリューを付与している。四つのPは戦術で、企業の前進を促し、外部環境に対応して、経営モデルを常に変化、イノベーションさせるものである。「風のエネルギー」は、融合と超越という一種の二元性を表現している。ここでは開かれたエネルギーで、ＳＨＧのブランド哲学を形成する。グループブランドマップの出発点でもある。

潘思亮がリージェント・インターナショナルを買収した当時、「Re」で始まる一二組のキーワードを記した。それは、ブランドのコア精神を実によく表すものだ。この一二組の言葉はＳＨＧのスタイルＤＮＡであり、傘下ブランドの「デザイン&アクション（ＤＮＡ）」の創作の基本ともなった。

「土のエネルギー」は、観照と創造に呼応している。観照とは世界を冷静に見つめ取り込むこと、創造とは現地の物事を発信していくことである。ＳＨＧのクリエイティビティはさまざまな所から得られたもので、イノベーションにおいては組織内外の共同創作が可能となる。大きいものはホテル建設から、小さいものはウェルカムスイーツの開発まで、製品の開発やマーケティングなど、ユーザーが求める「製品とサービスの体験」に照準を定めている。

アフターコロナのビジネス界では、ＡＩを活用した設備、さらにメタバース、ＮＦＴなどのビジネスチャンスが来る。未来の産業において、あらゆる企業がデジタル技術でバリューを向上させていくことになるのだ！クリエイティビ

リージェント・エッセンス

RECONNECT（再リンク）	グローバルでローカル
REDISCOVER（再発見）	モダンで永遠
REFINE（洗練）	シンプルでエレガント
REINTERPRET（新解釈）	文化的でイノベーティブ
RELAX（リラックス）	ラグジュアリーでシック
REDESIGN（再設計）	スタイリッシュで快適
RESERVE（リザーブ）	静かで自信がある
RESPECT（リスペクト）	尊重しつつ効率的
RECOGNIZE（認識）	失礼ではなく心からのもてなし
RECIPROCATE（立場交換の思考）	優れた洞察と直感
REDEFINE（再定義）	オーダーメイドで親しみ深い
REAL（リアル）	本格的で独特

ＳＨＧブランドのエレメントは、太極陰陽のように二元が融合し、生々流転している。また命のパスワードを解くキーであるＤＮＡの二重螺旋構造のようでもあり、二本のからみあった数本のチェーンが、常に進化し変化し続けていくかのようでもある。

ティやイノベーションで、どのようにライフスタイルを導いていくべきか？将来は、ユーザーの心・体・魂のニーズを満足させることがサービス業の絶対条件になるのだ。

もちろん、この中で、思いやりは永遠のバリューである。ＳＨＧの人々は、自分をカスタマーの立場に置き、その目線から生活体験をなぞり、常に改善、イノベーション、提案をすることに慣れている。それはまたデザイン思考の際の第一歩――共感――を形成するのだ。デザイン思考は、現在の産業界ではまだ十分に運用されていないイマジネーションの源だ。潘思亮はデザインにこだわりがあり、ＳＨＧが登場させた「作品」では、ホテル、飲食、商品などいずれもＳＨＧらしさのある美学が見いだせる。また、デザイン思考を組織文化に注入し、ユーザーのニーズから出発し、さまざまな問題に新たな解決方法を探し出し、より多くの可能性を創造するのである。

「火のエネルギー」は、人々の規則正しい行動に呼応する。組織の実行力は人材に頼らなければならない。リージェント台北では部門別独立採算制をとり、自ら動ける多くの小さな社長を育成してきた。すでに一九九〇年代から、リージェント台北では台湾プラスチックグループの創業者王永慶に学び、部門別独立採算制を導入、台湾のサービス業では初めてこの制度を実行することとなり、微調整をしながら三〇年もの間継続してきた。

ここ数年、潘思亮は組織管理上、さらに実行力の四つの規律（略称4DX）――最重要目標の設定（WIG）、先行指標から着手、目立つデザインのスコアボードの設置、アカウンタビリティの定着――を定め、積極的に従業員全体に推進してきた。４DXもまたここ数年の間に従業員の管理思考の中にしみこんでいる。

部門別独立採算制と実行力の四つの規律は、SHGが火のエネルギーを発揮するための二つの重要な行動の見取り図となっている。

ESG×永続×体・心・魂＝ウェルビーイング

「水のエネルギー」は、永続的に共によくある共同のビジョンを打ち出すことであり、潘思亮の初志でもある。これによって、企業のコア・バリューと目的をリアルに伝え、組織の存在意義を明らかにし、スタッフ全員に明確な労働の意義を持たせることができるのだ。

特に世界が急変している現在、ポストコロナ、さまざまな形態の戦争、エネルギーや食糧の問題、インフレといった難題が、世界全体の枠組みを変えてきた。この厳しい時代の中で前進したいなら、水のエネルギーが必要だ。新型コロナウィルスは人類を新しい世界に進ませ、多くの企業がESGの重要性を実感す

「なぜ」を知り抜いてはじめて「いかに」が来る。これはＳＨＧが「超越」から
「卓越」した企業へと進む修練のポイントだ。(写真は故宮晶華)

ることになった。ある程度において、ＥＳＧは建築家目線のサステナビリティだとも言える。

潘思亮は、ＳＨＧを人類の幸福を追求する企業ととらえ直し、経営戦略と文化実践を目標の中に落とし込んだ。そして、二〇二二年一月、潘思亮はＳＨＧが発展させるべき「ウェルビーイング（幸福感）」が「ＥＳＧ×永続×体・心・魂」であるとした。「私はついにウェルビーイングが、まさに企業のＥＳＧであると気づきました。もともと、ＳＨＧはいつのまにかそれを実践していました（第八章参照）。過去の私たちはそれがＥＳＧだと知らず、ただ当然のこととしてそうすべきだと考え、自然に私たちの日々の中に存在していたのです」。

卓越した企業は必然的にビジョンを重視するものだ。企業のしなやかさもまたビジョンそのものと、組織のメンバーにとってのビジョンの魅力から来る。このため、リーダーが成功するには、メンバーを企業のビジョン追求へと引き寄せなければならない。ビジョンがあってはじめて、正確な戦略と実行力が生まれるのだ。

潘思亮は老子を好んで読んでおり、その統率スタイルは当然、ビジョン型リーダーシップとなる。台湾のリーダーの中で彼が最も尊敬する奇美グループ創業者の許文龍の「無為にして治める」という理念が、彼にとっても経営哲学となっている。

ビジョン型リーダーシップはビジョンとミッションを重視し、メンバーに自主性を与えるため、十分に権利を与え、直接管理する人の数を少なくする。部下とビジョンを共創し、ビジョンを組織の価値観に内面化し、集団意識の精度を高め、メンバーの行為を引き出すといったことを重視する。彼らの多くは、労力をビジョンの伝達に使い、団体の潜在力を引き出すべく鼓舞し、未来へのイノベーションに関心を寄せる。企業の持続成長のプロセスでも、自分の運営を経済、社会、環境への前向きな影響力にし、永続的に共によくある価値を創造していくのである。

数年前のエピソードに潘思亮のこの面が見いだせる。

二〇〇二年、リージェント台北は二階の鉄板焼きとステーキハウスをリニューアルした。チームでは、レストランに響きのいい新しい名前を付けたいと頭をひねっていた。レストランは普通、社長やシェフの名前を取るものだが、潘思亮はそうしなかった。

「ロビンズステーキハウスにしよう！」彼は誰も思いつかない名前を出したのだ。ロビンは実在する人物である。それは潘思亮でもなければ、創業者潘孝鋭の英語名でもない。さらにグループのどのシェフでもない。ロビンおじさんと呼ばれていたのは、ステーキハウスのベテランのサービス責任者の劉文秀（一九四九－二〇一五）だ。劉は、西洋レストランの生き字引だった。一九九〇年代、リージェント台北がリージェント香港からステーキハウスを導入した時、指導役として彼を招いた。彼は基本を非常に重んじつつ率先して動き、料飲関係の多くの優れた人材を輩出した。ＳＨＧ料飲部門ＭＤである呉偉正もその弟子である。ロビンズステーキハウスはまたリージェント台北の中の「西洋料理軍事学校」と称されていた。

潘思亮は、会社と共に成長してきたベテラン従業員の名前をレストランに付けるのは、特別な意味があると考える。「彼の名前を使いたかったのです。彼は私たちの永遠のお手本であり、数十年の間、日々自分に規律を求め、リージェント台北にお客様を尊ぶおもてなし文化を継承してくれました」。五つ星ホテルでホールスタッフの従業員の名を付けたのは、このホテルが世界で初めてではないだろうか。

入国規制は二年間を超え、海外からの旅行客はそれまで年間約一千数百万人だったのが、その二％にも満たなくなった。そうしたコロナの前線にあって、潘思亮はスタッフが前を向けるように常にビジョンを見せてきた。

残酷な現実に対し、まさに彼自身の名前のように、前方の光を見出してきたのである。

彼は、内部に対してはビジョンを示し、外部に対してはバリューを表し、コロナの危機をＳＨＧやその傘下のリージェント台北が何事にも負けない証拠にしてみせた。初心と経営の本質に戻り、海外の同業者をも凌ぐ業績を上げ、世界のホテルサービス業のモデルとなったのである。

潘思亮は、「危機は悪くもありよくもあります。絶望の冬の後には、希望の春が来るのですから」と言う。これはホテルマンが逆境に対した時の知恵であり、またＳＨＧが危機を「新生」に転じさせ、すべてを網羅できるしなやかさでもある。

もし道の前方が絶望的な暗闇であるなら、それはまだ灯されていない灯りがあるということなのだ。

リージェント重慶は地元の文化と工芸を合わせ、重慶の今と昔を新しく表現している。

第五章　風のエネルギー

――融合とクロスオーバー的なスタイルＤＮＡ

東西文化が融合するシルクロードはまた、ＳＨＧ経営の思考の道すじでもある。私たちは常に文化の融合とクロスオーバー・イノベーションのＤＮＡを保ち続け、自らを東西文化の架け橋、世界と地元の牽引者であろうとしてきた。

私たちはなぜオリジナルブランドが必要なのか？

私は留学生だったため、海外にいる時には好んで東洋の代表となった。そして台湾に戻ってからは、西洋の人々に紹介したいものとして、特に中華文化への憧れを強めた。

ＳＨＧの中国語の名称である「晶華」という二文字は左右対称で、漢字のシンメトリーな美しさを存分に伝えている。私はよくデザインのスタッフに、「これでは外国人が理解できない」と言うが、そのシンメトリーな美しさは外国人が見てもわかるだろう。

現在、「リージェント台北」の中国語名は「台北晶華酒店」だが、もともとは「晶華」ではなく、「麗晶（リージェントの音訳）」、つまり「台北麗晶酒店」だった。一九九三年、私たちは上場を計画し、規定を調べてみると、上場するには企業は海外ブランド名ではだめで、自社ブランドが必要だということだった。そこで、「麗晶」の後ろに「中華」の二文字を加え、略して「晶華」とした。その後、台中、高雄、花蓮の天祥などに拠点を設置し、チェーン展開した。

英語名はRegentを使い、中国語名には新しく「晶華」を使うのは、金融監督管理委員会の規定にも合っていて、なかなかいいと考えた。三〇年もの間、私たちは常に文化の融合のＤＮＡを保ち続け、自らを東西文化の架け橋、世界と地元の牽引者と定義してきた。二元性の融合はまた「ハイブリッド」な考え方を生み、ビジネスモデルの中にクロスオーバーな思考が存在していた。

その後、人生のある時点からは、その時の物事の全貌を見ることはできないと考えるにいたった。過ぎてみて振り返った時に、過去の出来事がつながり、いつのまにか自分の直感によって価値観が貫かれていることが見えてくるのだ。

一九八四年、ホテル建設準備の時、父はリージェント、ペニンシュラ、マンダリンオリエンタルの三つのホテルグループの中で、リージェントを選んだ。主な理由は、創業者がアメリカ人で、ホテルはハワイからスタートしており、アジア文化も継承しつつ、モダンであると同時に内省的でもあったからだ。

国際ホテルブランドのオーナーが変わるのはよくあることだ。私たちがリージェントの名称を冠してからの二〇年間では、リージェントブランドがフォーシーズンズ・グループ、カールソングループの手に渡ったこともあった。たとえそうでも私は「リージェント」という名前を使うことにこだわった。それはこのモダンでクラシックな、東西文化を融合させた国際ブランドの遺伝子を残すためだった。だが、私はそのために人生で初めての国際訴訟と協議という「争い」を経験することとなった。

リージェント台北オープン後の三年目にあたる一九九二年、リージェント・インターナショナルは当時の北米エリアのブランドであるフォーシーズンズ・ホテルに買収された。その理由は、日本でバブル経済がはじけ、リージェント・インターナショナルのオーナーだった日本開発グループＥＩＥが倒産、アジアの十大リージェントホテル、そして建設中のニューヨーク、バリ島、チェンマイ、ミラノ、イスタンブールのリージェントを売却したからだ。

フォーシーズンズがリージェント・インターナショナルを購入したのは、世界のトップクラスの五つ星ブランドを手に入れるためだった。すでに運営していたリージェントホテルは契約にそって、後にフォーシーズンズ・ホテルと改名された。新しくオープンするホテルは直接フォーシーズンズを名乗った。例えば、全客室にプライベートプールのあるリゾートヴィラの先駆けとなったバリ島のフォーシーズンズ・リゾートバリ・アット・ジンバランベイ、一五世紀の修道院を改装したフォーシーズンズ・ホテル・ミラノ、イオ・ミン・ペイが設計したフォーシーズンホテル・ニューヨークなど、その買収の効果はすぐに表れ、フォーシーズンズ・グループは一躍、国際的なラグジュアリーホテルグループとなった。

その当時、私はまだリージェント・インターナショナルに管理経営を委託した「リージェント台北」の一オーナーに過ぎなかった。だが、このアジアに立脚した国際ブランドが大好きだったので、ホテル建設準備の際には、リージェント・インターナショナルにホテルの企画設計の中心となってもらった。一九八四年には、両者は二〇年間の管理経営委託契約を締結した。

私のリージェント台北経営の一年目は、さまざまな点で多くの調整が必要だった。さらにリージェント・インターナショナルが台湾の市場やニーズを理解していなかったため、私たちはフランチャイズに変更することを希望した。再協議のチャンスは、フォーシーズンズがリージェント・インターナショナルを買収したことで生まれた。契約には、こうした重大な変更の際には、再度条件を出せると記されているのだ。それに、私たちはフォーシーズンズに対する理解が欠如していた。もしフォーシーズンズによってリージェントが北米ブランドに変わってしまったら、アジアブランドを選択した当初の考えが失われてしまうと考えたのだ。

だが、相手が金の卵を産む鶏を手放すわけがない。新たな契約締結先となったフォーシーズンズは、有効な契約を引き継いだのであり、変更はできないと考えた。私たちは元の契約に記されているように再協議すべきで、委託終止を送り付け、双方とも譲らなかった。

訴訟はまもなく一年になったが、裁判の勝ち負けは五分五分だった。現実的な面から考えれば、買収によって私たちが契約条件を変更できなければ、その後の支出は大幅に増加することになる。私たちの要求は、愛する「リージェント」という名称を使い続け、委託管理経営をフランチャイズにし、同時に権利金を引き下げて、ロイヤルティでの支払いから一定の金額を支払うライセンス料に変更することだった。

そこで双方は腰を据えて協議することになった。国際契約は、知力と体力の勝負だ。感謝祭、クリスマスから春節まで、夜通しでの話し合いが行われた。

最後の一回、ライセンス料を話し合った時のことだ。彼らは一千万ドルを提示し、何年かでの分割払いでいいと言った。私たちはその数字を聞くと、その場で反対し、席を立って抗議し、話し合いは中断、翌日再度協議することになった。これも相手の底値を探るための交渉戦略である。

その晩、我々のチームは双方が受け入れられる数字を議論し続けた。

「彼らの底値は九七〇万ドルだろう」と陳由豪は推測した。長い時間を費やしたところで、価格交渉の幅は限りがあった。

翌日、交渉のテーブルにつくと、私たちは単刀直入に「九七〇万ドルで同意していた

潘思亮は2000年、リージェントブランドと契約を延長。この時、当時のブランド所有者だったフォーシーズンズの大中華エリア代表であり、同時にリージェント台北の総支配人でもあったドッセと一緒に撮った写真。

だけますか？」と切り出した。彼らは、大いに驚き、盗聴したのではないかと疑ったほどだった。実を言えば、こうした推測は、運まかせの部分がある。だが、状況の分析は決して手を抜くことはできない。でないと、正確にはなりえないからだ。この国際協議は、私たちが望んだ結果が得られた。委託管理経営はフランチャイズとなり、固定金額でのブランドライセンス料に変更でき、前の契約の三割のコストが減らせた。話し合いを重ねるうちに、リージェント北米代表とも友人となった。

フォーシーズンズはもともと「リージェント」ブランドをしっかり経営しようとは考えていなかった。上場の目標を達成すると、一九九八年、ブランドと将来の新ホテルの権利を全米最大の旅行グループであるカールソンに売却した。その時の状況は比較的シンプルだった。なぜならまだ契約の期間内にあり、私たちは「リージェント」という名称を使い続けることができたからだ。

打破の思想

二〇〇八年は試練の年だった。二年後に終止になる契約のための準備をしなければならなかったからだ。

今後二〇年間に関係する契約であるため、二〇〇七年にまずいくつかの選択肢を想定した。一つ目は、他のリージェントホテルと同じく看板をフォーシーズンズ・ホテルにかけかえる。二番目は、カールソングループと新たにリージェントのブランド契約を締結する。三番目は、新しいホテルブランドを打ち出す。

二〇〇八年、世界は金融危機に襲われた。このような状況の中で、選ぶべき道はどれなのか？

私はスタッフに言った。危機がなければ、私はそもそも出勤する必要はない。企業が最も恐れるべきは、ある程度成長した後、組織が老化し始めることで、危機は組織の創造力のエネルギーを呼び起こすものと言える、と。私は学習が好きだ。いいことにも悪いことにも学ぶべきことがあるが、危機の中での学びはより尊い。例えば二〇〇三年のＳＡＲＳの危機では、私たちは館外レストラン経営に乗り出した。そして、二〇〇八年の金融危機では、オリジナルのホテルブランド創設に踏み切ったのだ。

その時、私はＳＨＧ取締役の王栄薇と議論を重ね、自分がしたいことは単にホテル業ではなく、文化スタイルのブランドだということを強く確信した。

東西文化を融合させるリージェント・インターナショナルの理念は、常にリージェント台北の重要なＤＮＡであり、また私がオリジナルブランド創設に到る出発点でもあった。東西文化の交流と言えばシルクロードである。シルクロードは、大きなスケールで繁栄した唐朝のものであり、交流し合う東西文化、行き交う商売人たちなどが連想され、いい名前だと感じた。それに現代のホテルはまさに昔で言う宿場である。シルクロードという名称は、東西と古今を貫く美しいイメージを持っているのである。

「シルク」はすでに登録が多かったので、私たちは「s」を加え、「シルクスプレイス」と名付けた。複数形はより多くの交流を意味する。また、シルクは西洋人にとって中華文化を連想しやすく、「プレイス」はシックで豪華な場所を意味する。シルクロード精神はグループのミッション――世界の最もよいものを台湾へ、台湾の最もよいものを世界へ――を表現できる。こうして私たちはオリジナルホテルブランド「シルクスプレイス」を立ち上げた。ブランドの中国語名は「晶英」とし、文化を存分に表現する五つ星ホテルを目標とした。

その年、台湾政府は中国大陸からの台湾観光を開放した。私たちもそこにビジネスチャンスを見出し、新たに個性的でリーズナブルなコミュニティ型ラグジュアリーホテルを作りたいと考えた。この新ブランドは、快適さと基本的な機能を兼ね備えつつ、スペースは減らし、費用面でユーザーによりやさしいものにしたかった。三ツ星クラスの価格、四つ星クラスの設備、五つ星クラスのサービス、そして地域の特色を表すランドマークとなることが目標だ。ブランド名は、こうした理念を伝えられるシンプルなもの――「ジャストスリープ」にした。中国語名は直接音訳し、覚えやすく響きもいい「捷絲旅」である。スペースは減らしたものの、レストランやドリンクバー、休憩スペース、フィットネスジムなどは設けた。

二〇〇九年、世界は金融危機の影響で不景気に陥った。私たちはそれでも計画どおり、この二つのブランドの第一号ホテル――シルクスプレイス宜蘭と台北のジャストスリー

2008年、潘思亮によって創設されたオリジナルのホテルブランドには、文化を存分に表現した「シルクスプレイス」、コミュニティ型ラグジュアリーホテル「ジャストスリープ」がある。新北市のジャストスリープ三重は、ニューヨークのインダストリアル風と地元三重の木材工場の建物を合わせたもの。オープン１ヵ月で損益分岐点に達するというグループ最速記録を樹立した。

プ西門館——をオープンさせた。私に言わせれば、不景気だからこそ、もっと未来に投資しなければならないのだ。

まったく思いがけないことに、二〇〇九年の厳しい時期の中、状況を打破するチャンスがやってきた。それは、リージェントブランドのライセンス期間満了のすべての問題を全面的に解決するチャンスだった。

打破からの再構築

二〇〇九年、アメリカは金融危機でひどい痛手を受け、高級消費市場の影響は甚大だった。五つ星ホテルは面倒なお荷物になり下がり、五つ星ホテルを有する企業は次々とこれを売りに出した。カールソングループもリージェントの売却を決定、委託投資銀行は世界のトップ一〇のホテルグループ、そして当時のリージェント・インターナショナルの一〇人のオーナーに声をかけた（詳細は第一部を参照）。

私の当初の計算は簡単なものだった。毎年フォーシーズンズかリージェントに権利金を支払うよりも、銀行に借金してリージェントを買収し、銀行に利息を払った方が安い。それにもしカールソングループからリージェント・インターナショナルのブランド権を買い受ければ、リージェント台北は、まさにリージェントを受け継ぐことになる。

その後、実際には利息もそれほど払わないで済んだ。一年目、台湾の兆豊銀行から融資を受け、翌年にはCB（転換社債型新株予約権付社債）を発行したからだ。CBのメリットは、利息の支出の低減、株券の融資の増加、負債比率の減少ができる点だ。だが、これは企業に対する投資家の信頼がなければならない。

二〇一〇年、私たちは台湾で初めて国際的なトップクラスのホテルブランドを所有するホテルグループとなった。今考えれば、SHGが二〇一〇年リージェントブランド権を購入する前から、私たちは委託管理経営のオーナーだったのであり、その後はフランチャイザーになり、そしてリージェントブランド権の新しいオーナーとなった。そう考えると、オリジナルブランド創設も、自然な流れだったと思えるのだ。

融合の道を共に進む

リージェント・インターナショナルを買収した時期、私はSHGのブランド意義「リージェント・エッセンス」を記した。これは一二の対照的、あるいは相反する言葉を組み合わせたものである。これらは太極陰陽の概念に似ており、二つの極端な抽象的な連想のようだが、実際には同じところに収まり、融合し、SHGのブランドDNA（図5）を描き出す。

例えば、世界と地元、静けさと自信など二つの概念が、両方の特質を兼ね備えた形でつなげてある。普通、自信がある人はそれが外見にも表れるものだが、私たちが求めるのは、静謐だが自信のある柔らかな光である。ＳＨＧはグローバルなブランドだが、またローカルでもある。地に足をつけ、地元の文化に溶け込み、着実な地方創生を創り出す。言い換えれば、国際的な高みを持ちつつ、その地方の深みに根差すのである。

これによって私たちは二元的なフレームを抜け出し、狭い考え方に陥ることが防げた。また二元性を融合させるためには、大きなスケールの思考が必要で、伝統とイノベーションの矛盾を超え、両方を手に入れられる提案を考えていった。最も重要なのは、グループ傘下のすべてのブランドが前向きになり、違いの中に共通点を見出し、ＳＨＧのブランド意義を伝えられるようになったことだ。

次のページの図五のように、一つ目の面はグループのミッションであり、私たちのブランドのモットー――世界の最もよいものを地元へ、地元の最もよいものを世界へ――で、再リンク、洗練、再解釈といった経営思想を通して、グローバルでローカル、シンプルでエレガント、文化的でイノベーティブな創作を実践し、ラグジュアリーでシックな雰囲気を伝えることだ。

以前、リージェント台北だけの時は、私たちは世界の最もよいものを台湾へ、台湾の最もよいものを世界へと言っていたが、シルクスプレイス、ジャストスリープなどのブランドを創設して以降、差別化を図ることが大切になった。シルクスプレイスは都市へと向かっているので、世界の最もよいものを都市へ、都市の最もよいものを世界へ、ジャストスリープが伝えるのはストリート文化なので、世界の最もよいものをコミュニティ

世界の最もよいものを地元へ、地元の最もよいものを世界へ
世界のスタイル精神
地元との文化の共創
思いやりのあるおもてなし
再リンク
Reconnect
Global, yet local
グローバルでローカル
洗練
Refine
Simple, yet elegant
シンプルでエレガント
リラックス
Relax
Luxurious, yet understated
ラグジュアリーでシック
新解釈
Reinterpret
Cultured, yet innovative
文化的でイノベーティブ
再発見
Rediscover
Modern, yet timeless
モダンで永遠
SHGブランド
12のキーワード
リアル
Real
Authentic, yet distinctive
本格的で独特
再設計
Redesign
Stylish, yet comfortable
スタイリッシュで快適
再定義
Redefine
Bespoke, yet familiar
オーダーメイドで親しみ深い
リザーブ
Reserve
Quiet, yet confident
静かで自信がある
リスペクト
Respect
Dignified, yet efficient
尊重しつつ効率的
認識
Recognize
Attentive, yet discreet
失礼ではなく心からのもてなし
立場交換の思考
Reciprocate
Intuitive, yet insightful
優れた洞察と直感

図5．SHGのブランドDNA

へ、コミュニティの最もよいものを世界へと変化した。
シルクスプレイス、ジャストスリープのどのホテルも、また温泉文化のあるウェルスプリング・バイ・シルクスも、そしてコロナの期間に東森グループと提携した「シルクスX」の時も、私たちは次のように自らに疑問を投げかけた。

このホテルはどのように地元のすばらしさを世界にリンクさせられるか？

例えばシルクスプレイス宜蘭、礁渓のウェルスプリング・バイ・シルクス、ジャストスリープ礁渓館は、世界の最もよいものを宜蘭にもたらし、宜蘭の最もよいものを世界に披露し、そのよさを知らしめた。

このホテルはどのようにシンプルでエレガントな感覚を表しているか？

例えば、私が注目するのは、空間の中の光だ。光線は、それぞれの時間にそれぞれの空間を描き出す自然の時計である。ロビーはできるだけ吹き抜けにし、昼間の日の光を引き入れる。夜には間接照明で行き交う人々を空間の中に浮き上がらせる。照明はただ空間を美しく見せるだけではなく、一種の思いやりであり、さまざまなシーンで人々を輝かせるのである。

このホテルはどのようにラグジュアリーでシックな雰囲気を伝えているか？

シルクスプレイスのブランド定義は、文化面においてラグジュアリーで精緻であることだ。そして、その都市で最初に選びたくなるような、その地域のライフテイストのモデルとなる五つ星ホテルを目指した。建物とインテリアデザインは地方の特色を盛り込み、どのシルクスプレイスも唯一無二のものとなっている。台南を例にすれば、近くには孔子廟があるため、台南の儒教的な風物をイメージに、福建地方の建物の特色をラグジュアリーでありながらシックにし、文化のこだわりとおもてなしの心へと昇華させている。

私の母は台南出身なので、私は台南に特に思い入れがある。シルクスプレイス台南をオープンさせる時には、「モダン台南」の文化的ホテルの新たなスタンダードと定義した。このため、ホテルの随所に伝統文化をモチーフにしたデザインを取り入れた。入口のシンメトリーな窓格子は、孔子廟の窓格子のオマージュである。ロビーには、台南で昔盛んだった瓦産業をテーマにした、赤レンガの瓦を重ねたインスタレーションを設置した。文化的な雰囲気は具体的なイメージだけで表現できるものではない。それは、お客様の体験の中に織り込まれなければならないのだ。ロビーには書斎もあり、宿泊した方が読書したり、一息つくための独立した場所となっている。台南は台湾で初めて学府ができた古都でもあり、本はこの都市の生活の一部となっている。多くのホテルでは、こうしたスペースをアフタヌーンティーのレストランなどにしているが、私たちは書斎とし、心を豊かにできるようにしたのだ。

このホテルは文化的でイノベーティブであることをどのように表しているか？

ジャストスリープは、リーズナブルなデザイン系ホテルである。このため、ハード面でのリソースは五つ星ほどではないが、クリエイティビティとおもてなしといったソフトパワーは存分に発揮されている。例えば、ウクレレ演奏や折り紙の風船、タオルアートなど、どの従業員もお客様に喜んでもらえる二つ目の専門や特技を身に付けている。友人から聞いたこんなエピソードがある。彼がジャストスリープに宿泊した時、ベルが鳴ったので、ドアを開くと、スタッフがウクレレを弾きながら誕生日を祝ってくれたという。スタッフがチェックインの時に、その日が彼の誕生日だと気づいたのだ。

東西文化の出会い

二つ目の面は、「場所のスタイル精神」である。スタイル精神とはその場所の心であり、単なる形式的な美しさではなく、変化していく美を表現しようとする精神である。こうしたデザイン思想に基づき、ＳＨＧ傘下のホテルはどこにあっても、自然を支配するのではなく、自然との共生を目指す。この点は日本の禅の精神に近い。

私たちのデザインコンセプトは、グローバルとローカルのリンクを基本として、インスピレーションを求め、「モダンで永遠」な要素を「再発見」するというものである。例えば、リージェント台北なら、三〇年後に見ても、建物や空間に依然としてクラシックな味わいがあるといった具合だ。グループのどのホテルも柱や間仕切り、窓格子でモダンさと地元文化のイメージを表現している。

「スタイリッシュで快適」であることを原則に、「洗練と再デザイン」をし、常によりよいものを模索し、ＳＨＧの美意識と価値観を伝え、「静かで自信がある」雰囲気を「リザーブ」する。

「リザーブ」という単語は奥行きがある。「リザーブ」はサービスの現場では席を予約することだが、「空」のスペースもまた一種の心の余白であり、お客様のために居場所を残しておく気持ちがこめられている。心を休める場所と言ってもいい。

晶華軒の場合、入口の階段に面した窓は、壁いっぱいの白いスクリーンで、そこに置かれたライトが余白を表現している。時に、光と影は実物よりも美しく、禅のような雰囲気や詩的な美しさがある。

空間デザイナーの橋本夕紀夫が手がけた晶華軒に入ると、毛筆の文字が彫られたガラスの柱がライトアップされ、それが並ぶ長い廊下が食の空間へといざなう。光と影の変化で、細長いガラスの毛筆の文字は、浮遊感がありモダンである。足を進めていくと、ガラスの文字が浮き上がるアートのようだ。

もう一つの例として、リージェント台北の前の坂道を挙げたい。坪効率から言えば、一フロア分がむだになっている。だが、アーバンリゾートの雰囲気を出すため、リージェント香港にならい、建築物の位置を大通りから少し奥まった場所にした。これによって、前方には小さな庭園ができ、都市でありながら静謐でゆったりした「都会の桃源郷」を創造した。

多くのホテルは、お客様は通りで車を降りるが、リージェント台北はエントランスまで車で上がってくることができる。ゆっくりと喧騒を離れるその距離感が美しさをもたらすのだ。私たちが求めたのは、到着したという感覚である。ドアマンがお客様のために車のドアを開けるのでも、さまざまなポイントがある。もし自家用車ならすぐに迎えるが、タクシーの場合には車のドアを開けるタイミングをゆっくりにする。お客様がお支払いしている時に、急にドアを開けないようにするためだ。お客様にゆったりした気分を感じてほしいという気づかいである。

ホテル前の坂道は、西洋人には「到着」を、東洋人には「余白」を感じさせる。これも一種の東西文化の出会いだと言えるだろう。余白や到着の感覚は一種のおもてなし文化であり、尊厳を表したもので、これも三つ目の面の思いやりとおもてなしの道なのである。

私たちはすべてのお客様の個性を「尊重しつつ効率的」な態度で、お客様とそのニーズを「認識」し、「心をこめつつ失礼ではない」丁寧なおもてなしを提供している。

リージェント台北をはじめSHGの各ホテルには、思いやりのあるおもてなしのエピソードが多々ある。中でも、ルーツを探しに台湾を訪れた日本人のお客様を何度もお迎えしたことは印象的だ。大部分は高齢の方で、台湾に不慣れであり、スタッフはできるだけお客様の夢をかなえようと手助けした。例えば、事前に現住所を確認しておき、もし台北以外の地域なら、その地方の自治体に連絡することもあった。必要であれば、交通手段の予約や計画もサポートした。

客室部のスタッフからは、長年アメリカで暮らしていた百歳の華僑のおばあさんの話を聞いた。彼女の人生最後の願いは、台湾に戻ることだった。台湾に戻る前に、彼女はすでに重症通知を受けており、意志の力でなんとか持ちこたえている状態だった。リージェント台北に到着した時も、酸素マスクをつけており、娘の支えが必要だった。スタッフは、事前のやりとりでおばあさんの出身地が嘉義であることを知り、嘉義の名産品をウェルカムスイーツとして用意し、部屋に入ってすぐに懐かしいふるさとの味を味わえるようにした。リージェント台北に着いたその時から、故郷に帰ったと感じていただくためだ。

もちろん、お客様からのリクエストの前に、洗面所には滑り止めをし、チェックアウトする日にも、彼女とその家族に感動してもらうよう考えた。スタッフは、彼女が生まれたその年の嘉義市の画像ファイルを探し出し、プリントして写真にし、フレームに入れ、スタッフたちの祝福のカードも添えて、お別れのプレゼントとして手渡した。この百歳のおばあさんは目に涙を浮かべながら感謝してくれた。帰国後、その人生の最後の時間はふるさとがくれたあたたかさを思い出してくれたに違いない。

実際、単なるＳＯＰだけでは心をこめたおもてなしには至らないため、リージェント台北にはチェックポイントがある。だが、最も根本的なことは、トップと管理職の言動にある。子供が大人の真似をするように、新しいスタッフはベテランスタッフのやり方を見て、その影響を受けるのだ。私たちは、現場で働く従業員を信じ、任せている。彼らこそが実際にお客様のニーズを感じるからだ。リージェント台北は思いやりのおもてなし文化を三〇年間、根差してきたが、これからも精進していきたいと考えている。

観光経済からファン経済へ

四つ目の面は、地元との文化の共創で、実際には三つ目の面であるおもてなしの心の延長線上にある。ホテル外の文化に関心を寄せ、地元の魅力を探し出し、旅行者に体験、発見してもらう。そして地元との交流のチャンスを提供し、共に学び、共によくある旅の新しい意義を伝えるのだ。これはＳＨＧ傘下の各ブランド事業の志でもある。そもそも観光産業は、地元の経済に最も深く結びついているのだ。

例えば、ＳＨＧのシーフードと牛肉の発注量は台湾全土でもトップクラスであり、また二〇〇四年に台東の成功漁港と提携し、採りたての魚介類をメインキッチンに送るようになった。私たちは、船一隻分の魚をまるまる買い取り、グループ傘下の各レストランに提供している。その新鮮さは、ＳＨＧに来るゲストシェフにも賞賛されているほどだ。毎日とれる魚介類は異なるため、一定の買い取り額で漁師の収入を保障し、購入コストも把握しやすくしている。

次に、私たちはＳＨＧのミッションを果たすべく、文化の伝承者になることを目指している。もし四つ目の面をしっかり実行しなければ、一つ目の面の世界と地元のリンクはできなくなる。

地元と文化を共創するため、ＳＨＧの人間は鋭い直感、深い洞察力で地方文化を掘り起こす。そして、「オーダーメイドで親しみやすい形」にし、伝統に新しい命を吹き込んで文化イノベーションをするのである。

例を挙げよう。礁渓にはウェルスプリング・バイ・シルクスがあるが、地元には以前からハイクラスなホテルロイヤル礁渓があり、ウェルスプリング・バイ・シルクスの敷地横にはジャストスリープ礁渓館があった。しかし、この物件が出た時、私たちは、ジャストスリープ礁渓館とホテルロイヤル礁渓の間の価格帯のラグジュアリーな温泉ホテルの開業を決定した。

礁渓では温泉の旅が人気のコースだが、どうすればウェルスプリング・バイ・シルクス独自の温泉の楽しみ方を作れるだろうか？私は、西洋人は、プライバシーを重んじ、大浴場には行きたがらないことを考え、隠れ家的な雰囲気の新しい和風温泉ホテルにしようと考えた。そこで、客室内に高級感のある温泉を作り付け、静かな時間とのんびりした温泉を楽しめるようにした。屋上にも亀山島が眺められるインフィニティプール、温泉とジャグジーを設置した。

ブランドと地元が文化を共創するというコンセプトで、ウェルスプリング・バイ・シルクスはアートと文学も加え、よき宜蘭文化を伝えるプラットフォームとなった。客室のメインウォールは、台湾の陶芸家の手焼きの陶器片だ。また従業員の制服には、宜蘭の地元の藍染を使っている。オープン時には詩人の陳黎、編曲家の黄康寧、画家の呉衍震を招き、宜蘭八景をテーマとしたイベントを行った。それに年間を通して現地滞在のアーティストがおり、宜蘭に関する作品を制作し館内で展示、決まった時間には宿泊客も二階のロビーで芸術家と談話できる。一方では、蘭陽古道を訪ねる小旅行も企画、蘭陽平原が散策できる。グループと地元文化の共創の最も初期の例は、シルクスプレイスタロコだ。このホテルの再生については、次の章でより詳しく述べていく。

将来のホテルは観光経済ではない。忠実なユーザーを創造するファン経済である。

二〇二二年二月現在、ＳＨＧは台湾全土に一五のホテル、二五〇〇室に近い客室を有している。ここに準備中のホテル――新北投、林口などシルクスプレイス、ウェルスプリング・バイ・シルクス、ジャストスリープといったブランドホテル――も加えれば、二〇二五年までには、二〇軒を超え、客室数も三千室に達する。

オリジナルブランドが世界へと向かうのも、もう一つの重要な目標である。SHGグループCOOの顧嘉慧は現在、シルクスプレイス、ジャストスリープのアメリカや日本といった海外市場への進出に取りかかっている。

いつでもどこでも、この一二組のDNAは、SHG傘下ブランドの経営思想である。融合やクロスオーバーを続け、東西文化の架け橋、そして世界と地元の牽引者となることも、私たちが拡大、イノベーションのプロセスで、常に追い続けるコア・バリューなのだ。

最強のファミリー型リゾートホテル――シルクスプレイス宜蘭。自分の子供が車で遊ぶのが大好きなことにヒントを得たオーナーが、ファミリー・カーホテルを生み出した。ＳＨＧの飲食部門が丹精をこめた北京ダックも大人気。

ＳＨＧの未来を切り開いた名士――ラルフ・オーレッツ

ＳＨＧが事業を拡大していく中で、リージェント・インターナショナル・ホテルズグループ元会長のラルフ・オーレッツの功労は決して見過ごせない。氏はグループの第二の曲線――ホテルレジデンス総合開発という新しいビジネスモデル――を切り開いたのだ。私と氏との出会いは、日月潭の涵碧楼にある。きっかけは、涵碧楼の計画担当をしたオーストラリアの建築家ケリー・ヒルが、アマンホテルお抱えのデザイナーだったことである。不思議なことに私たちは接点が多く、そうこうしているうちに友人になった。オーレッツが台湾に来る時には、いつも私と食事し語り合った。二〇一〇年、リージェント・インターナショナルを買収した後、私は氏にリージェント・インターナショナル・ホテルズグループの会長をまかせた。

実際、私は運がいい。ちょうどその頃、オーレッツが三〇年近くも務めたホテル運営開発会社グリーンホスピタリティーマネジメント（ＧＨＭ）が社長を交代させたのだ。でなければ、氏も新しいステージに移ろうとは思わなかっただろう。オーレッツのフルネームは「ラルフ・オーレッツ・コント・フォン・

プレッテンベルグ」で、後の三つはドイツのプレッテンベルグの領地を受けた伯爵であることを示す。

　ドイツ貴族の末裔である氏は当然、テイストに対するセンスが非凡だった。リージェント台北に来る前に携わったホテルには、国際的にも名の知られたマイアミのザ・セタイ、バリ島とランカウイ島のザ・ダタイ、アマングループ初のリゾートビレッジのアマンプリなどがある。氏は、「美的コンセプトの追求者」であり、常に世界トップクラスの建築家、アーティスト、デザイナーと共に仕事してきた。アンティークのコレクターでもあり、フランスの蚤の市でユニークなものを好んで選び、ホテルに飾っていた。アジアでの仕事と生活は三〇〜四〇年にわたった。

　私にとって氏は、「モダンで永遠」の最もよい手本であり、さらにホテル設計分野での思想の師である。

　ＧＨＭグループはリージェント創業者の一つでもあり、アマン創業者のエイドリアン・ゼッカと、ハンス・ジェニーが一九九二年に創設した企業である。このため、オーレッツの感覚はリージェントのブランドＤＮＡと近かった。氏がリージェント台北に入ったばかりの頃、私に、これまでリージェント台北で仕事をしたことはないのに、まるでこれまでずっとここで働いてきたような親しみがあると言っていた。そして、グループが今でも恩恵を受けているのは、オーレッツのおかげでホテルレジデンス総合開発運営に携わったことである。

リージェント台北は、アジアで初めてホテルにブランドショップを併設するなど、複合的な試みをしてきた。そして、オーレッツの指揮のもと、リージェント・インターナショナルはまたヨーロッパで新しい「初めて」を創り上げたのだ。

それは二〇一四年に登場したリージェント・ポルト・モンテネグロだ。ヨーロッパが二〇〇八年の金融危機を経た後、初めて建設、オープンした五つ星ホテルであり、しかもヨーロッパ全土で初の五つ星のホテルとレジデンスを合わせた開発プロジェクトだった。第一期の八八室から現在の第四期までですでに三〇〇室を完売、一平方メートルあたり一〇～一五％のプレミアが付き、市場で高く評価されている。

リージェント・ポルト・モンテネグロは、二五〇隻の船舶が停泊できる世界クラスの港ポルト・モンテネグロに近接している。オーナーは当時、世界三大富豪の産金王ピーター・ムンク、財閥ロスチャイルド家、そしてファッションブランド王ベルナール・アルノーからなる不動産デベロッパーだった。

ポルト・モンテネグロのアイテムを所有できたのも、オーレッツが金融危機の後、ヨーロッパで初めて行われた不動産フォーラムにキーノート・スピーカーに招かれたからだ。私たちの隣に座っていたのは、ポルト・モンテネグロのオーナーで、たまたま同じく総合開発をテーマにスピーチした。彼はヨットハーバー、カジノ、レジャー施設を合わせた不動産開発を取り上げていたが、オーレッツはホテルとレジデンスの総合開発でブランドホテルの将来を語った。

私たちはその場で意見交換した。オーナーはその時点ですでにフォーシーズンズと二年ほど協議を続けていたが、なかなか合意に達しない状況だった。そのフォーラムが提携のきっかけとなり、オーナーはわざわざ台湾に二週間も滞在して、私たちと台湾のヨット産業について深く語り合ったのだった。

2014年、リージェント・ポルト・モンテネグロのリボンカット。左から
モンテネグロ共和国大統領ジュカノヴィチ、産金王ピーター・ムンク、
潘思亮、そしてロスチャイルド男爵。

宜蘭にあるウェルスプリング・バイ・シルクスは、ブランドが地元と文化を共創するというコンセプトのもと、芸術と文学をクロスオーバーさせ、年間を通じてアーティストが滞在しており、宜蘭のよいものを伝える文化的なプラットフォームとなっている。

シルクスクラブ高雄は、アート作品の収集や創作をしており、台湾で唯一無二のミュージアムホテルとなっている。「オーシャン」をデザインのコンセプトにし、現代的な技術や手法で港の「自然のイメージ」を用い、ハイテク、アバンギャルド、面白さを表現、地元での新しい体験が得られる。ロビーにある動く彫塑とも言える「踊る粒子」は世界で３つしかない。他の２つがあるのは、ドイツの BMW 博物館とシンガポールのチャンギ空港だ。

シルクスプレイスの建築物とインテリアデザインには、いずれも地元の特色が織り込まれている。シルクスプレイス台南は、太鼓で台南ならではの音楽を表し、ゲストを歓迎する意味を表現している。

シルクスプレイス台南のロビーは伝統文化のテイストにあふれ、モダンでありながらクラシックだ。孔子廟の要素をオマージュした間仕切りは、伝統建築のデザインの美しさを見せている。

第六章　土のエネルギー

――その地へのイマジネーションと関心を育てる

大地は私たちの根だ。ＳＨＧはどこへ行こうと、
そこに腰を据え、世界とつながり、地元に根付き、
世界の最もよいものを地元へ、
地元の最もよいものを世界へもたらす。

イマジネーションは関心から生まれる

私はだんだんと、ホテル経営の主役はホテルそのものではないと知った。ホテル業は、ただ単にホテルを建てて、オープンさせるだけの仕事ではない。準備から建設、運営までの実務的な財務計画、さらに強い文化性が必要で、人と自然、場所の関係に関心を寄

せなければならない。対応すべきことは、ホテル内の大小さまざまなことから、外部環境、地元経済、歴史文化の問題に及ぶ。

『老子』の中には、「天地のよく長く、かつ久しき所以は、其の自ら生ざざるを以ってなり」という一節がある。これは、天地が長くいられるのは、自分を閉じたり制限したりせず、万物に自分を開放しているからだ、という意味だ。

以前は単に頭で理解していただけだが、ここ数年は、そこに企業と人は自然と共生すべきものだという意味がこめられていると思うようになった。共生とは、相互に生き、相互に助け合うことであり、それは関心の思想――私たちはもともと自然の一部であり、天地のように自分を開放すべき――である。

これはまたシルクスプレイスタロコの再生の理念でもある。このホテルはもともと一〇年以上赤字で、宿泊率も年間五割に満たないホテル「天祥晶華」だった。

天祥晶華の前身は、各国の元首や来賓を接待してきた天祥招待所で、上海商業儲蓄銀行（上海商銀）傘下の中国旅行社が経営していた。上海商銀の栄家と私たち潘家は長年、家族ぐるみの付き合いがあり、父はこの銀行の台湾での第一期の顧客でもあった。その後も長年、ステークホルダーでありビジネスパートナーだった。当時、上海商銀が国家公園管理処の計画に合わせ、この招待所を撤去し、新たに五つ星ホテルを建築することとなり、私たちに声がかかった。

これは将来的に台湾で唯一の国立公園内の五つ星ホテルとなり、しかも上海商銀、中

1993年、天祥晶華の起工式での潘思亮（右）と父潘孝鋭（左）。

国旅行社というよいパートナーがいるのだから、絶対逃せないチャンスだと私たちは考えた。こうして一九九一年、天祥晶華を合弁で設立したのである。

その時代、ホテル建設の概念は、とにかく大きく作るというものだった。天祥晶華は計二〇〇余りもの客室を有していた。敷地がタロコ国立公園内にあるため、建設に際しては、守るべき法規と審査を要する項目が多く、実に繁雑だった。しかも工事の車は夜間にしか出入りできなかった。

四年間を費やして完成、一九九七年にやっとオープンにこぎつけた。

マーケティングや持続可能な経営といった面から考えれば、実際のところ山間部のホテルとして客室二〇〇室もの規模の大きさはふさわしくない。なんといっても山間部は台風や豪雨など天災に見舞われやすく、道路も中断することがある。加えて客室が多過ぎると、業績のために客層も選べなくなる。天祥晶華は五つ星でありながら、宿泊率を上げるため、ツアー客も、また国民党の青年組織「救国団」の合宿さえも受け入れた。その後は従業員の短期宿舎としても使用され、平均の宿泊費は二〇〇〇元余りで、損益バランスはなかなか取れなかった。

二つ目に、このホテルの正式名称は「天祥晶華リゾートホテル」だが、外観と雰囲気にリゾート感はまったくなかった。ただシティホテルを国立公園の中に持ってきただけで、レストランや多くの室内アクティビティが用意されていた。一九九〇年代には、カラオケ、ボーリング場、マージャンルームなどもあった。お客様がリゾートに来るのは、おそらくはタロコの自然を楽しみたいからだが、コンセプトがずれており、宿泊率は一〇数年もの間、一向にぱっとしなかった。

そこで私たちは、リニューアルにあたってアマンリゾートのコンセプトを参考にした。アマンはもともとリージェントのＤＮＡを持っており、さらに「青は藍より出でて藍より青し」というべき優れた存在だった。オリジナルブランドの「シルクスプレイス」の理念を再考し、二〇〇九年、天祥晶華はシルクスプレイスタロコと名称を変えた。

新しいホテル名は、単に天祥だけでなく、タロコ全体の天地を有するスケールの大きさを表現した。もし世界に通じる峡谷のこの絶景の中に、本当のリゾートホテルを造るなら、周囲に広がる美しい自然を心から理解しなければならない。

国立公園にあるシルクスプレイスタロコが最も生き生きとした表情を見せるのは、神の手による峡谷、芸術作品のような山々、さらさらと流れる渓流、四季の朝夕の歩道、群れで遊んでいるサル、静けさの広がる星空などだ。私たちは、このすばらしい環境の中で、訪れた人がリラックスし、自然と対話し、心の交流をしてほしいと考えた。

このため、グループでは三億元を投じ、建物の外観、パブリックスペースから客室の全タイプ、ソフトやハードなどの施設をレベルアップさせた。現代的な美学の発想から、地元の景観の特色に合わせ、多くの自然の要素、日の光、山、水、木、石などを取り入れ、渓谷のモチーフなどを屋内にも用いた。借景できるところは徹底的に掃き出し窓にし、景色がない場合は自然のイメージを用いた。そして、季節の趣やきらめきを空間の

2009年、天祥晶華はシルクスプレイスタロコに名称を変更、建物の外観、パブリックスペースから客室の全タイプ、ソフトウェア、ハードウェアの施設などすべてアップグレード、現代的な美学からの発想で、地元の景観の特色を活かしている。(写真は、峡谷の景色の中に映える屋上のプールのシネマエリアの風景)

中に表し、ラグジュアリーでシックなリラックス感、エレガントで快適なおもてなし感を表現した。

客室も一六〇室に減らした。それは、特に貴重な自然の国立公園の中にあって、ビジネスと環境保護の双方を満足させるためだった。

ホテル内の一一四室はレジャー用で、約一二坪の客室だ。最上階は、「クラブフロア」で、「ホテルの中にあるホテル」となっている。価格は一般の客室の二倍で、計四六室ある。以前の二室をぶち抜き、約二二坪のデラックススイートにした。リージェント台北のタイパン・クラブのフロアのように、専用のラウンジもある。

普通、リニューアルは新しいホテルを建てるより難しい。なぜなら、古いイメージを払拭するため、より多くの工夫が必要だからだ。実際、シルクスプレイスタロコが二〇一〇年にリニューアルオープンした当初、昔の印象からの影響は避けられなかった。宿泊代を、天祥晶華時代の二千元余りから、客室一晩三千元に値上げしただけで、かなり厳しい状況となったのである。

マーケティングでは、最初の数年はお客様に体験していただく戦略をとり、より多様な販売ルートを開拓した。またＳＨＧで初めて、テレビのショッピングチャンネルで宿泊プランを販売した。同時に旅行社にも利益を譲り、提携先が喜んでパックツアーを販売してくれるようにした。目的は、より多くの顧客層にシルクスプレイスタロコを体験しに来ていただき、口コミの効果を創り出すことだった。

一方で、人が来ない問題をクリエイティビティによって解決した。以前、タロコは「風景はすばらしいが、退屈すぎる、市街地にホテルをとれば、まだ夜市に遊びに行けるからましだ」、と言われていた。

シルクスプレイスタロコの最優先のミッションは、宿泊客がこの場所を楽しみ、心から満足し、旅がむだではなかったと思えるようにすることだった。

弱みを強みに　家に帰るようなうれしさを作る

台湾中部を東西に貫く道路「中横公路」にある天祥という地域は、花蓮の駅と空港から車で約一時間かかる。外部との唯一のアクセスは、台湾八号線である中横公路のみだ。この弱みと言うべき前提条件を独自の強みに転換し、「山の上の家に帰ってきた」というセレモニー感を出した。おもてなしは客室の予約から始まり、シャトルバスで「山の家に帰ること」にワクワク感を持たせた。

「風景もすばらしく、よい旅だった」と感じてもらえるよう、地元とつながり、本物でオリジナリティに富み、文化的かつイノベーティブな文化スタイルのプラットフォームになることを目指した。またエンターテイメント部を設立し、もっと遊びたい、また来たいと思ってもらえるようにした。

山に入った後は、多様な体験コースを提供している。エコツアー、ライフスタイルコースなどは、イベントの場を屋外にしたものだ。屋上のプールや火鉢ゾーン、中庭広場などはステージにもなり、太平洋の風が吹き抜ける。緑あふれる山々、青空や星空が唯一無二の最も美しい背景となるのだ。

ホテル内で過ごすなら、館内には峡谷を一望できる沐蘭SPA、ヨガ教室、フィットネスジムがある。

また屋外、屋内ともにプール、岩盤浴、エンターテイメントコーナー、テニスコートがあり、さらにファミリー向けコースや手芸コースもある。朝の散策では、ホテルの近くにある祥徳寺、天主堂などへのウォーキングが楽しめる。タロコをより深く知りたいなら、一日ツアー、半日ツアー、歩道ウォーキングなどもおすすめだ。国家公園管理処の専門家や地元の達人を講義にお呼びしたり、スタッフによる物語の読み聞かせや多言語のガイドなどで、地元の生活や原住民文化を知ることもできる。

ナイトライフもある。毎晩上映される星空シネマ、すばらしい原住民のパフォーマンス、深夜食堂の暖かい夜食などここでしか楽しめないものばかりだ。以前は「退屈」だった夜が、味わい深いものとなったのである。祝日やお祭りの時には、特に趣向をこらしたテーマごとのイベントも実施される。私自身、最も趣のある春節を過ごしたのは、ここシルクスプレイスタロコだった。

何物にも代えがたい自然の景観に加え、バラエティに富んだ体験コースで、二〇一二年から、宿泊費を年ごとに上げてきた。そして、毎年の収益をお客様に還元するため、よりよいサービスと空間、設備を提供し、よい循環を形成している。客室の平均価格は一泊二食付きで三九九九元、四九九九元だったのが、二〇一六年には七千元余り、さらに成長を続け二〇二二年には一万元の大台を超えた。クラブタイプは二万元ほどで、グループ傘下の平均宿泊料金の最高額となっている。だが、「予約が取れない」という声は大変多い。

このホテルの進化の歴史はまさにシンデレラストーリーのようなのだ。

持続可能という思想の芽生え

シルクスプレイスタロコが一二年前の一泊千元の庶民的な価格から一万元を超える高級ホテルになり、黒字へと転換したのは、経営思想上の進化があったことも大きい。

二〇一一年、私は持続可能な観光に関するフォーラムでスピーカーとして招かれた。資料を準備していると、国連のＳＤＧｓの一七の目標の多くの項目において、ＳＨＧが早くから実施していたことに気づいた。私たちは、二〇一四年に企業社会責任委員会を発足させ、私が議長、財務長（ＣＦＯ）が副議長となり、企業のガバナンス、持続可能な環境、マンパワー、食品安全、サプライチェーンの管理、広報関係など部門を超えた六つのグループを作った。

思い返せば、持続可能の種はシルクスプレイスタロコの後に芽生えたものである。峡谷で経験した数々の困難は、一般のホテルの比ではなかった。タロコは、台風、地震、豪雨などで道路が断絶すれば、孤立状態になる場所だ。このため、特に自然を感じ、天、地、人と共によくあることを学び、持続可能な観光の必要性を感じたのである。これはより深いレベルのおもてなしを知るものでもあった。おもてなしの対象は旅行者、そして自然環境だった。

シルクスプレイスタロコは、国立公園内にあるため、自然環境でのレジャーのキャリング・キャパシティーを重視しなければならない。そのため長年、自発的に宿泊率を下げ、たとえ予約が多い時でも八割以上にならないようキープし、企業の社会責任を尽くしてきた。それはちょうどＳＤＧｓの住み続けられるまちづくりや自然保護の目標に呼応している。

二〇一八年二月、花蓮大地震の後、旅行市場は一瞬で活気を失った。シルクスプレイスタロコは、実際の行動で山間部には地震の影響がないことを知らせ、また地元の民宿「山月村」とタッグを組んで客室を販売、シルクスプレイスが事務処理を一手に引き受け、山間部の旅行業、周辺の食堂、お土産屋などと難関を乗り切った。

自然災害による閉館や宿泊率の急激な減少へのマーケティング対応の経験は、コロナ禍でリージェント台北にシェアされた。具体的には、グループの姉妹ホテルが打ち出した「二都物語プラン」がある。また、リージェント台北をアーバンリゾートホテルに転換するプロセスでは、シルクスプレイスタロコが多くの実際的なやり方をシェアしてく

2021年オープンのジャストスリープ台南十鼓館。日本時代の製糖工場をリデザインしたパーク内にあり、アジア初の太鼓音楽をテーマにした国際芸術村に位置する。建物の外観は砂糖の結晶体、館内には製糖工場、太鼓などのモチーフが使われている。

れ、ホテルを超えた学びとなった。

一方で、シルクスプレイスタロコは、存分に地元の食材を使い、その地方の農業、漁業などをサポートしている。館内では原住民を雇用し、半数を超えるスタッフが現地人である。原住民の音楽や文化の推進にも力を入れ、出演者は必ず原住民とするという規定も作った。ショーで披露される七五％は原住民の民謡で、その他はオリジナル曲や原住民歌手の作品などだ。これらはＳＤＧｓの中で達成が期待される「つくる責任、つかう責任」の項目や、ふさわしい仕事の提供と経済の成長目標に関連している。

実際、グループでは早くから製品認証と持続可能な買入システムを推進しており、農協や直売所から直接購入もしている。これは地元経済を応援すると同時に、炭素削減にもなっている。

地元文化との持続可能な発展

シルクスプレイスタロコだけでなく、その後にオープンしたシルクスプレイス台南、ジャストスリープ、ウェルスプリング・バイ・シルクスなど姉妹ホテルも、建物の空間の重視と環境との共生、人と場所の共鳴、そして地元文化への関心が見られる。私たちはよくジャストスリープのお客様から「ジャストスリープ（ただ眠る）だけじゃない」というコメントをいただく。それは、どのジャストスリープも地元の文化資産から発想しているからだ。

例えば、高雄中正館は、衛武営国家芸術文化センターに近接しているため、音楽をモチーフにしたデザインを主軸にしている。台北西門町館は、グラフィティを合わせ、ストリート文化を表現し、ロビーには西門エリアの大きな地図を設置、無料で西門町のガイドを提供している。台北林森館は日本時代のなごりの残る「条通り文化」の地域にあるため、万華鏡、ネオンなどのイメージを織り込んでいる。台湾大学近くの台大館はキャンパス風のデザインで、客室の壁には黒板が設置してある。面白いことに、以前ここに宿泊した教授が黒板に書いてあった微分積分を訂正してくれたこともある。

二〇二一年にオープンした台南十鼓館は、日本時代の製糖工場をリデザインした文化パークで、アジアで初めて太鼓音楽をテーマにした国際芸術村に位置している。このため、建物の外観は砂糖の結晶体をモチーフにし、館内は製糖工場や太鼓のモチーフを用いている。

客層の多くが若者であるため、どのジャストスリープでも館内の「映える」スポットをガイドした「映えマップ」がある。写真を撮りたいユーザーのニーズに応えたアイディアで、ＳＮＳでの口コミのマーケティングパワーを形成している。

関心とは耳を傾けること、創造とは対話すること

私はよくリージェント台北の「大盛かき氷」が一体どうして誕生したのか聞かれる。それは、個室かケータリングの時にのみ提供される裏メニューのスイーツだ。最低でも一〇人、多ければ二〇人までシェアできる。

以前、中華料理の宴席のデザートはタロイモの八宝飯だった。大変おいしかったが、暑さの厳しい夏には、冷たくてさっぱりしたものが食べたくなる。私は高雄の出身なので、かき氷が大好きだ。台湾のかき氷はさまざまなトッピングをすることから、私たちは円卓を囲む人が一緒に食べられるかき氷を考えた。このメニューの中国語名にある「海派」は上海語で、「大盛」の意味である。そこに台湾のかき氷を合わせ、「大盛かき氷」として夏のデザートにした。

この台湾らしいオリジナルデザートは、前宴会場メインシェフで、「白鼻」というニックネームの蔡坤展によるものだ。透明なガラスの花器にもられた巨大なかき氷は火山のようで、直径六〇cm、高さ約三〇cm、重さ約七キロにも達し、季節によって二〇種ものトッピングが飾られる。

それは台湾の各地方の特色ある果物やスイーツ――ドライフルーツ、九份の芋団子、阿里山の愛玉、万丹のあずきを使ったあんこ、甲仙のタロイモ蜜漬け、台中のタピオカ、三義の仙草ゼリーなどで、具が皿の三分の二の体積を占める。そこにかける秘伝のソー

スは、イチゴ、パッションフルーツ、ウメ、黒蜜、練乳、冬瓜蜜など六種類から選べる。テーブルに登場する時には、白い煙がたなびき、ビジュアル的にも味覚的にも涼しさを存分に楽しめる。二〇二一年の夏、ＥＣサイト「テイク・リージェント・ホーム」では、四～六人用のミニサイズ「大盛かき氷」を出し、大人気になった。

関心とは、心を開いて耳を傾けることでもある。大盛かき氷もまたＳＨＧの食文化イノベーションへの一つだ。ＩＴ産業に比べ、ホテル業の場合、イノベーションに失敗しても、大きな損害にはならない。せいぜい投入したコスト分程度で、「Think big, start small, fail fast（大きく考え、小さく始め、早く失敗する）」ことができる。

現在、ＳＨＧの中で最も代表的な館外レストランはと聞かれれば、それは二〇〇八年にオープンした故宮晶華（シルクスパレス）である。それは単なるレストランではなく、食の芸術文化のプラットフォームなのだ。

もしシルクスプレイスタロコが、ホテルが自然環境や地元経済にも心配りしなければならないと教えてくれたのだとすれば、故宮晶華は歴史と対話し、千年の時空に敬意を払い、食の芸術文化でもてなし、空間、文化、環境を統合することを教えてくれた。

故宮晶華はもともと故宮博物院のスタッフ用の食堂だったビルを立て直し、対外的に営業するレストランとして再構築した場所だ。当初のプレゼンテーションのコンセプトは、ワールドクラスの食の芸術文化の観光スポットを創り出すというものだった。建築は姚仁喜、インテリアデザインは橋本夕紀夫が手がけた。

敷地が故宮博物院本館の西側に位置しているため、故宮晶華は、自然環境と中華風の古典建築をモダンに融合させ、環境へのリスペクトを表現し、博物院エリアの建築群と違和感がないようにした。こうした考え方から、故宮晶華の外観は、透き通ったガラスのスクリーンを用い、青磁氷裂紋をモチーフにした内部のパーティションが透けて見えるようにしている。昼間は鏡のようで、見上げると四角形で透明の水晶が山々や樹々、故宮の建物を映し出す。夕方には室内の照明がともり、四角の水晶が墨色の中に燦然と輝く発光体になる。

私たちは、故宮晶華でのすべての創作物が故宮の文物と関連を持つものにした。建築からメニュー、食器などいずれも食の芸術文化を表現しているのだ。

例えば、間仕切り、テーブルの間の屏風、壁面の装飾品の模様まで、氷裂紋を用いた。ロビーには二階分の高さのガラスの灯柱が立っており、内部の柱は新石器時代に儀式に使用された礼器「玉琮」を、食事エリアの照明は西周の儀式の楽器「宋周鐘」をモチーフにしている。また「清明上河図」、「前赤壁賦」、「蘭亭序」、「唐人宮楽図」、宋の徽宗帝の「文会図」などは、壁のオーナメントやレプリカ、折り紙アートやサンドブラスト加工のガラスなどさまざまな手法をこらしており、歴史的な文物や芸術へのリスペクトを表現している。

コロナ禍前、故宮晶華は五割以上が世界各国からの観光客だった。このため、そのミッションは、台湾の最もよいものを世界へもたらすことで、中華の食文化に根差したメ

2008年にオープンした故宮晶華は、日本の著名な空間デザイナーである橋本夕紀夫のデザイン。レストランであると同時に、食の芸術文化を展示するプラットフォームでもある。

ニューになっている。店内のコンセプトは、古代中華の宿屋で、一階は軽食エリア、二階は故宮収蔵の書画の名家の名を付けた一〇の個室である。

テーブルでは故宮の収蔵品からインスピレーションを得た食の風景が繰り広げられる。例えば、地元食材で作られた国宝「翠玉白菜」や「肉形石」、特製の弦紋鼎の食器に盛り付けられた福建料理の名物スープ「仏跳牆」、皇帝が遊んだ多宝格には各地のスイーツが盛り付けられている。店内では、学芸員ならぬ「食芸員」が中国語や英語、日本語で料理の由来を解説してくれる。

故宮の大型展示イベント開催時には、私たちもそれに合わせ、歴史的な料理を研究し復刻させる。そこでのキーパーソンは、故宮晶華支配人の楊恵曼である。彼女は、展示に関する文献や書籍を片っ端から調べつくす。皇帝の食事の場面を再現するために、四〇万本もの上奏文にあたって手がかりを探し、六千本にしぼった後、シェフたちとアイディアを出し合って、故宮の年ごとのテーマの展示に合わせたメニューを開発したこともあった。

これまで康熙御前や大清盛世宴、十全乾隆御前、南宋美食大観、論語宴、大千宴などのメニューが登場した。北京故宮博物院の前院長も、清朝史の専門家を連れて故宮晶華で食事した時、彼女の学識に敬意を表したという。

転用による創造

関心という理念は、私たちが環境や経済、歴史、文化に対する姿勢に反映され、創造へとつながる。そして、この関心と創造は、常識にとらわれない「転用」という視点からもバリューを創出するのである。

転用とは、なにかに新しい命を吹き込む他の方法がないかを考えることだ。もしそれをビジネスの世界に応用すれば、転用の視点は、常識的なモデルから自由になり、新しいインスピレーションを与える創造方法となる。多くの場合、イノベーションとはゼロからの出発ではない。

館外レストランとは、ＳＨＧの料飲部門の強みをホテルの外に「転用」することだった。ホテルの外という場所を考えた当初は、デパートにテナントとして入るか、独立したレストランをオープンするかを考える程度で、レストランという場については特に考えなかった。ポイントは、ＳＨＧが食の芸術文化で蓄積したソフトパワーで、新しいビジネスチャンスを創ることだった。例えば、冷凍食品や常温保存できる食品を開発し、五つ星のグルメを飛行機やクルーズ、二階建てバスなどで提供することなどだ。ＳＨＧは、コロナ禍でもすぐにテイクアウトやデリバリーのサービスを打ち出し、名物料理や半完成品のレトルト、野菜ボックス、冷蔵ビーフステーキ、すき焼きなどで巣ごもり経済のニーズに応えてきた。それが可能だったのは、ＳＨＧにはすでに似たような経験があったからだ。二〇一三年に打ち出したリージェント台北のチャンピョン牛肉麺ギフトセットはまさにその先陣を切るものであった。

チャンピョン牛肉麺の始まりは、空港にあったSHGのレストランの評価を上げたかったからだ。空港店はホテルほどリソースが充実しておらず、テナント料も高く、お客様の食事時間も短い。ここで出す料理はコストも時間も効率的でなければならない。そこで、私たちはリージェント台北の人気メニューである牛肉麺に目を付けた。このホテルでは、二つのレストランの牛肉麺が特に美味である。一つはUSビーフをメインにした一階中庭のレストラン「azie」のもの、もう一つは二一階の会員制レストラン蘭亭のものである。こちらは台湾牛を使っている。

チャンピョン牛肉麺を完成させたのは、リージェント台北及びSHG料飲部門MDの呉偉正だ。彼は、二〇〇〇年にリージェント台北に入り、下積みから始め、グループ全体の料飲の歴史に関わってきた人物である。二〇一二年、彼はホテルの名を上げようと、台北国際牛肉麺コンテストに出場することにした。

だが、その年、主催者はオージービーフの使用を指定していた。そこで、リージェント台北の中華料理チームは、オージービーフでクリアなスープの牛肉麺を作ってみたが、満足できるだしがとれない。その後、中華と西洋のだしの取り方はまったく異なることに気づき、フランス人の総料理長に西洋料理の手法でオージービーフを調理してもらおうということになった。思いがけず中華料理と西洋料理の共同作業となったのである。

そして、リージェント台北はこのコンテストで、アイディア部門と清燉（クリアスープ）部門で一位を、紅焼（豆板醤スープ）部門で二位を受賞したのだ。

ＳＨＧの料飲での視点の転用は、外に出るだけでなく、世界のレベルを内部に取り込む努力もしている。例えば、長年にわたり国際的なシェフをゲストシェフとして台湾に招いて交流してきた。

リージェント台北は、二〇〇八年から毎年、世界のレストラン業界のトレンドと信頼性のあるクッキング評価制度のランキングを参考に、世界のトップクラスのシェフをゲストシェフとして招くようになった。

例えば、各国のミシュラン名シェフ、フランスＭＯＦ（国家最優秀職人章）クラスのシェフ、オーストラリアの三ハットのシェフ、日本の料理の鉄人、世界のベスト新人シェフなど、リージェント台北というプラットフォームに創造性を集め、調理での交流をしてきた。中には、自分と仲のいい世界のシェフの推薦リストを提供してくれたゲストシェフもおり、そこから招いたシェフもいる。

二〇一三年、リージェント台北のアジアグルメイベントでは、四人の名シェフ――香港ミシュラン二つ星の「厨魔」のメインシェフである梁経倫、東京ミシュラン三つ星の「龍吟」のメインシェフ山本征治、サンフランシスコのミシュラン二つ星「Benu」の韓国系アメリカ人シェフのコーレイ・リー、そして江振誠――がコラボレーションし、同じ舞台に立った。江振誠は、ロンドンで山本征治と会った時に、いつか一緒に仕事して、アジアのクッキングの世界をレベルアップさせたいと語り合ったという。

こうしたイベントを二〇数年もの間、開催しているうちに、海外の名シェフがどれほど尊敬される職業であるかがわかり、シェフの台湾での社会的地位の向上にもつながった。どの分野でも名人が尊敬を集めているのは、見ていて気持ちがいい。どのゲストシェフも、リージェント台北に来る時にはチームを連れてくるので、調理のエキスパートが集う国際的なプラットフォームにもなった。

その後、私たちはホテル二階のロビンズグリルに「フードギャラリー」という一室を作り、選び抜いた地元の食材を用いたゲストシェフの看板料理をパネルにして飾っている。

加えてリージェント台北の料飲チームは、国際的な水準を維持している。これは長年、ゲストシェフに教えを請い、伝えられたわざを吸収し、リージェント台北自身の三〇年ものノウハウも貴重な財産としてきたことによるものだ。世界レベルの調理の金鉱を有しているも同じで、コロナ禍ではホテル内で専門職のための調理研修コース「食芸学院」を開設し、共に学ぶことを定着させた。これによってシェフからの技術を伝え、潜在力のある若いシェフの発掘にもつながった。

二〇一一年以降、私たちは全世界の最も優れた台湾人シェフを台湾に呼び戻す目標を立ち上げた。その後、美食、クリエイティビティ、交流、そして体験を主軸とした「Taste Lab」を設立した。これは、ゲストシェフが本格的に出店する前にテスト営業用レストランである。ゲストシェフにはここで市場と顧客のニーズを理解してもらうのだ。当初ゲストシェフだったポール・リーは「Taste Lab」で三カ月テスト営業し、その後リージェントギャラリアにミシュラン一つ星のレストラン「Impromptu by Paul Lee」をオープンさせることになった。

こうして「短期間のテスト営業後、あらためて本格的にオープン」というモデルができた。ニューヨークの高級スイーツ店「Lady M」、ほっとけーきが有名な北海道発の「椿サロン」など、リージェント台北で短期間、ポップアップした後で、あらためて本格的に台北で店をオープンさせた。海外ブランドにとって、リージェント台北はホテルのスペースとハードの提供、マーケティングや広報、バックヤードのマネジメント、食材購入などのサポートがあり、安心して台湾に進出できる場所にもなったのだ。

リージェント台北が「台湾全土のブランド首都」と称される理由を説明しなければならない。

三〇年前、リージェント台北はアジアで先陣を切って、ブランドショップとホテルを結合させたモデルを創り出した。シャネルやエルメス、ブルガリ、ブシュロン、ショーメ、ティファニー、ハリー・ウィルソンなど国際的なトップブランドの台湾でのスタートは、いずれもリージェント台北である。本格的にリージェントギャラリアの経営を開始したのは、二〇一〇年のことだ。

当時、免税店のデューティー・フリー・ショッパーズ（DFS）が台湾市場から撤退したことで、地下一階のブランド街を地下二階に移し、衣・食・住・交通がそろったブランド街——リージェントギャラリアが誕生した。

世界の第一線ブランドを五〇以上そろえたリージェントギャラリアは、ＳＨＧの飲食、宿泊、旅行のリソースを集結させ、オーダーメイドのサービスの提供を実現した。例えばショッピング・バトラーはゲストのニーズに応じ、ショッピングやブランドめぐりのお手伝い、ショッピングの優遇、ギフトの配送などを扱う。リージェントギャラリアのＶＩＰは、自宅でゲストをもてなすことが多いので、リージェント台北のパーティー・ケータリング部門も、デリバリーでのサービスを提供している。

リージェントギャラリアはコロナ禍において、その業績が一〇〇％以上も成長し、世界トップとなった。会員数も四〇％増となり、会員のトップ一〇〇の消費金額は一億元近くに達し、驚くべき消費力を見せつけた。トップ一〇〇の会員の年間消費額も一千万元に達した。多くのゲストがコロナを避けて台湾へ戻り、出国できなかったため、購買力がリージェントギャラリアに集中し、中には業績が二倍になったブランドもあった。

二〇二二年、雄獅旅行会社はリージェント台北のグルメとサービスを台湾鉄道の「鳴日号」の食堂車に組み込んだ。これは、台湾初の「グルメ車両」で、私たちはミシュラン級の美食を旅行のビジネスチャンスへと転用したのだった。

想像してほしい。何もさえぎるものがない車窓から景色を眺めながら、エレガントな音楽の中で味わうさまざまな料理。移り行く地方の風景とともに地元の食材の饗宴を堪能する。車窓から目に映るのも、皿の上に表現された美味も、すばらしい景色だ。台湾一周の旅が、リージェント台北のグルメを体験する旅にもなるのである。列車が花蓮に着くと、シルクスプレイスタロコのスタッフが引き継ぎ、台南からはシルクスプレイス台南のスタッフがサポートする。

食事と景色をマッチさせるため、スタッフは綿密に時間を計算した。グループで長年、飲食開発に尽力している副総支配人齊藤力の指導の下、宴会事業部、ロビンズグリルなど館内外のサービスを統合し、約二〇名の「鳴日号グルメ・コンシェルジュチーム」を設立した。台湾鉄道は数年後に寝台列車を走らせる計画で、その時にはリージェント台北のバトラー・チームも列車に乗り込み、列車そのものがリージェント台北になるしかけだ。

リージェント台北を含めＳＨＧは陸・海・空を移動する。二〇一二年、リージェント台北の牛肉麺が全日空の機内食に採用され、そのグルメは二〇一八年にはクルーズに、二〇二一年には台北をめぐる二階建てレストランバスに、そして二〇二二年には台湾鉄道の鳴日号に採用されたのだ。ホテルはどんな形でも存在でき、文明の進歩と共に変化し続ける。あるいはＳＨＧのグルメが宇宙旅行のお客様をもてなす日が来るかもしれない。

「巨匠」――橋本夕紀夫

二〇年もの間、一緒に仕事をしてきた日本の空間デザイナー橋本夕紀夫氏が二〇二二年、急死をとげた。彼はまさに「巨匠」である。その作品は多彩で、ハイクラスのレストラン、ザ・ペニンシュラ東京など五つ星ホテル、インテリア、アートデザインなどがある。いずれも現代の名作である。ＳＨＧでの作品には、晶華軒や蘭亭、誠品信義店のスパイスマーケット、リニューアルしたロビンズ、ブラッセリー、故宮晶華などがある。

二〇〇〇年、私がリージェント・インターナショナルを買収し、会長になってからの最初のリニューアルプランは、リージェント台北三階の広東料理のレストラン采風軒（晶華軒の前身）だった。私の考えは、書道をモチーフにし、中華と西洋、今と昔をリンクさせた「モダン・チャイニーズ・レストラン」にすることだった。だが、同時にこれまでにない書道の空間における表現方法で、お客様の体験にそれを融合させたかった。そこで、ＳＨＧのシニア副総支配人である齊藤力が、橋本さんを教えてくれた。その当時、氏はすでに東京のレストランを手がけた著名なデザイナーだった。

橋本さんが最初に模型を持って台湾に訪れると、私たちはすぐに気が合った。

氏のコンセプトは、どこか既視感のある書道の世界、表装のない毛筆の文字が浮遊する空間というものだった。私が敬服したのは、氏が思いやりの心で文化を体験の中に入れ込み、晶華軒を創り出したことだ。後に、このレストランは、多数の受賞歴を持つようになる。

さらにもう一つの代表作となったのが故宮晶華である。建築家は姚仁喜で、インテリアデザインは橋本さんだった。当時、私が唯一要求したのは、すべてのデザインのモチーフを故宮と関連したものにし、一階と二階のデザインは伝統的な中華の宿屋の吹き抜けと建築様式の概念を参考にしてほしい、というものだった。

最初に模型を見た時、あまりの美しさ、特に中庭の玉琮の灯柱に強く感動した。私は、橋本さんから食文化の再思考を学ばせていただいた。この巨匠がＳＨＧに美学や新たなコンセプトをもたらしてくれたことに心から感謝申し上げたい。

故宮晶華は「氷裂紋」が建物全体に施されている。昼間は山々、樹々、そして故宮を映し、
夜には燦然と輝く水晶の箱になり、文化の光を発している。

第七章　火のエネルギー

——自発的な「小さな社長」の育成

SHGは、正しい人を選ぶというより、自発的な「小さな社長」を育成しようとする傾向が強い。入社すれば、正しい人材になるチャンスがある。

ホテル業の管理革命——部門別独立採算制

一九九一年六月、二六歳の時、私は台湾へ戻ってきた。最初はリージェント台北の副総裁となり、半年後に取締役会で私が総裁となることが決定した。

前任の総裁は、兄の潘思源である。兄は中国大陸のビジネスが忙しく、リージェント台北の仕事は一年だけですぐに中国に戻った。私にとって兄は「仙人」並みの賢さを持った人だった。ＩＱは一四五、記者をし、メディアを立ち上げ、文人でありながらビジネスもわかる。土地不動産に投資し、アンティークをコレクションしており、人並み外れた才能の持ち主である。

帰国したその年、ホテル経営を知るために、私は主にホテルに宿泊していた。一ヵ月もの間、リージェント台北に寝泊りしたこともある。その当時、兄もいた半年間の時期は実に面白かった。兄は、若い時は夜型で、夜中に倉庫に行ってアワビやふかひれの在庫を確認するのだった。

その頃は、リージェント・インターナショナルに管理経営を委託していたが、取締役会は総裁にやはり強い期待を寄せていた。総裁は、オーナーの代表であるだけでなく、戦略や任務、提携項目の開発、ＩＰＯの準備など事務的な布陣を実行していた。

当時、会長だった陳由豪は、台湾プラスチックグループの創業者王永慶を崇拝しており、ホテルもトンテックスグループと同じように、台湾プラスチックに習って部門別独立採算制にすべきだと考えていた。そこで、ホテルにこのシステムを導入するのが、私が着任した後の最初のミッションとなった。

部門別独立採算制は、伝統産業、製造業では普通である。だが、サービス業での実践、特にホテルなら、管理上の革命だと言える。リージェント台北は台湾で（おそらく世界でも）初めて部門別独立採算制を実施したホテルサービス業だろう。

経営制度にはそれぞれ長所、短所がある。従来のホテル業はまるで一隻の船のようで、中央でコントロールしていた。メリットは高い効率性、シンプルな管理で、総支配人が船長のように中心となる。ホテル業のサービスの特徴によって、現場への権利は大きく付与されているが、従業員には仕事ぶりに関係なく一律に評価されるという気持ちがどこかにあり、多くの隠れたコストが実際の営業成績にどう反映しているか正確に知ることはできない。

それに比べ、部門別独立採算制はより複雑である。その制度では権利を分散し、ホテル全体をそれぞれの小さな事業体に分割し、権限移譲がより重視される。二つの制度の違いは大きく、部門別独立採算制への移行は、全面的な組織改革の実施と等しかった。料飲部門を例にとれば、従来のホテル組織では、総料理長がすべての料理人を指導し、財務諸表は料飲部門のものだった。だが、部門独立採算制の場合には、レストランごとに財務諸表があり、それぞれが独立した店舗のようになる。各レストランが財務に責任を負わなければならないのだ。

陳由豪は、私のサポート役として、トンテックスから経営工学の専門家である黄本明を派遣した。ホテルにはセントラルキッチンが設置されているのだが、私たち二人は、調理場に入る動線から始め（私は料理ができないので、見ているだけだが）、作業管理の手法ですべてのレストランで使われる時間とコストを計算した。これによってやっと適切な査定の計算式と詳細な項目が出せ、レストランごとの実質的な業績も出せるようになった。

このシステムの導入期間は、人生の中で私が従業員に最も歓迎されなかった時期だろう。ホテルでは、総支配人から従業員まで、すべての人が反対した。最初に衝撃を受けたのは外国人の総支配人だった。彼は「私はまもなく失業してしまう」と嘆いていた。なぜなら、部門別独立採算の管理者それぞれが総支配人に等しく、いずれも「小さな社長」のようだったからだ。

しかし、実際には総支配人がやるべきことはたくさんある。フロントヤードとバックヤードの部門間の調整や、最も重要な品質管理（QC）などだ。この制度により従業員は自発的にコストを管理するようになるが、あまりにコストを気にし過ぎては、質がおろそかになってしまう。そうならないよう、全体のバランスをとることができるのは、総支配人以外にはいない。

当時は、ランドリー部門、フラワー部門、フィットネスジムなど、まずは収益が得られる部門から分割して独立採算制に変えていった。

私たちは、一つのホテルを二〇余りに分割し、それぞれにこの新たな制度を用いた。それは二〇枚あまりもの諸表と従業員編成があるということで、これによって営業成績とボーナスを計算した。その後、独立採算制の規模を大、中、小にわけた。

例えばリージェント台北一階のレストラン、館外レストランのスパイスマーケットや故宮晶華は中規模の独立採算制を用いた。客室の場合には、客室部門、ビジネスセンター、通信サービス、タイパン・クラブなどの部門にわけ、小規模の独立採算制をとった。

共有とシェアのルール

製造業で部門別独立採算制を実施した場合、個別に業績を評価できる。だが、ホテルサービス業では、パブリックなスペースとリソースが多く、直接的に評価しにくい。そのため導入が難しく、サービス業に適したモデルへの調整には、かなりの時間を要した。

例えば、一階の中央スペースで演奏されるバンドのコストは、どのように分割すべきか？ホテル内のすべてのレストランで分担すべきか？ 演奏の聞こえない地下三階のレストランにも分担すべきか？ ロビー、化粧室などのパブリックスペースの維持費はどう計算すべきか？

私たちは、この演奏をホテルのブランドイメージであり、お客様がホテルに入った時の全体像であると考えた。そして、独立採算制の負担コストを平均し、ステージエリアに近いフロアには割合を高める形にした。コンサートのゾーン別のチケット代のようなものだ。二階にあるロビーはショップとして考え、最も値段の高いスペースは二階に属すものとし、上や下に行けば行くほど負担する割合を低くした。化粧室は来客数で計算した。二階の独立採算制のレストランには、ステーキハウス、鉄板焼き、バーがあったが、この三店は以前から客数で清掃費や維持コストを分担していた。来客数が多ければ、化粧室が使われる頻度もあがり、負担する費用も多くなるというわけだ。

ホテルが部門別独立採算制をとる際のむずかしさは、パブリックなスペースとリソースにある。例えば、中央スペースのバンドのライブはブランドイメージに関するもので、お客様がホテルに入った時の全体的なイメージに関わる。各独立採算のコスト負担は、ステージに近いフロアほど割合が高くなっている。

広報部、経理部、人事部など本部のバックヤードも独立採算制となった。コストの分担は、収益、面積の割合、従業員の数でコストを割り出した。例えば、グループ全体の仕事をしている人事部は、その従業員数で計算する。現在、リージェント台北の独立採算制は、客室、一階フロア、二階フロア、晶華軒、宴会庁、三燔本家、冷蔵庫のドリンク、タイパン・クラブ、沐蘭ＳＰＡ、三燔礁渓、ガーデンヴィラ、スパイスマーケット、ジャストグリル、ウェルスプリング・バイ・シルクス、売り場部門、投資部門、義餐食堂、ジャストスリープなどで採用されている。何年も調整をし、繰り返し修正を重ねてきた。そして現在でも、微調整は継続中だ。

この制度実施のもう一つのポイントは、各部門の収益、コストだけを見るのではなく、財務構造面から運営業績を評価することだ。最後の純利益である「ボトムライン」がなんといっても大切で、部門ごとの隠れたコストも明らかになる。リージェント台北のリムジン部門がその一例である。

リージェント台北はリージェント香港を手本としており、リージェント香港がロールスロイスでお客様を送迎していたため、リージェント台北でもリムジン部門があり、大型のキャデラックで送迎サービスを行っていた。独立採算制を実施してみると、リムジン部門の稼働率は低く、一〇数台のリムジンや二〇名余りの運転手（シフトを組まなければならない）を維持するのに、かなりの費用がかかっていた。もし独立させれば、年間で赤字になるのは間違いない。このため、レンタル会社に外注し、ホテルでは四つの駐車スペースを提供した上で、車種、年代、品質などを指定し、レベルを維持した。サービスの質は変わらず、お客様の満足も得ている。

独立採算制を用いている部門には、それぞれのバランスシートがあり、収益やコストが適切にコントロールできるようになる。社内振替価格も実に面白い。独立採算制を成功させるには、リーダーの決意のほか、合理的で公平なルールも重要である。

各部門は、他の部門の買い手にも売り手にもなるので、流れをスムーズにするには、勘定をきっちりしなければならない。例えば、中華料理レストランがセントラルキッチンのスイーツを購入する場合、セントラルキッチンは売り手、中華レストランは買い手となる。売り手は価格が高いほうがいいし、買い手は安く買いたい。このような場合、スイーツの社内振替価格はどのように決めるべきだろうか？

いろいろ試してみて、結局リージェント台北では市場価格を基準にした価格に落ち着いた。セントラルキッチンのライバルは、ホテルの外のレストランやスイーツ店であり、同じレベルか競争力のある商品――どの独立採算制の部門も、業界と同レベルかそれ以上であるべき――を提供できなければならない。

五つ星ホテルは、コスト節約のために基準を下げることはできない。だから目標は、ライバルよりよいものとなる。売り手は、どうすれば予算の範囲内で、相手の期待に沿える質を提供できるか考えるものである。私たちが求めるのは同価格帯での最高品質か、ライバルよりもより高いバリューを創造することだ。

また、「親兄弟でも金のことはきっちりさせる」観念が必要である。例えば、朝食込みの宿泊プランは、長年振替価格を用いて客室とビュッフェ「ブラッセリー」が折半して勘定していた。客室部がビュッフェにお客様をもたらすことを考え、経営コストに影響がないことを前提に、合理的でありながら定価より安い社内振替価格を調整してきたのである。

責任者から当事者へ、「小さな社長文化」の形成

部門別独立採算制は、ホテルの中に多くの小さな会社があるようなものだ。互いに取引きし合うことで、内部にビジネス・エコシステムが形成され、各部門間の売買関係もグループのリソースの最適化がなされる。例えば、ある部門が大口の注文を受けたが、会場がない場合、館内の他のレストランに適切な会場を貸してもらい、振替価格を支払う。双方とも収益が出るというわけだ。

リージェント台北のケータリングチームは、実にバラエティに富んだテーマのさまざまな規模のイベントの仕事を受けてきた。このチームは、五つ星ホテルの中でも特に経験豊富で、シャネルやエルメスなど世界のトップブランドにも指名を受けている。

一般的に、ブランドのイベントでは、宴会セールスと宴会サービス部門があり、シェフオフィス、客室、スチュワード、購買、経理部、美術創作部、フラワー創作部など多

くの部門が関わる。このシステムの中で、内外部門の提携先とつながり、さまざまな大型プロジェクトを実行し、部門を超えたイノベーションを進めてきたのだ。

以前は、大きな木の下でのんびり涼んでいたようなものだが、独立採算制をとった後は、各部門の管理職が「小さな社長」、つまり当事者となる「オーナーシップ文化」が確立した。当事者となったことで、小さな問題は自分で解決できるようになった。

オーナーシップとは「小さな社長」の考え方のことで、従業員の参加意識を高めてくれるものである。当事者にとっては、会社での階級の高さに関わらず、仕事は責任を負うだけではなく、自分の力を発揮するステージとなる。これによって仕事内容をしっかり把握し、主体的に問題に立ち向かえるのだ。それまで上からの指示を待っていた人間も、独立して決定できるようになる。例えば、チームがまだ業績目標を達成していない場合には、どんな販促イベントをすべきか積極的にアイディアを出し、実行できるのだ。

危機に直面した時にも、小さな社長は自発的に助けを求める。SARSの時、レストランは閑古鳥が鳴いていたが、ケータリングや弁当の販売を開始した。客室に宿泊客が来なければ、清掃スタッフはすることがない。そこで小さな社長は潜在的なニーズを思いついた。ホテルのプロの清掃設備とスタッフによる住まいのディープクリーニング・サービスを打ち出したのだ。

リージェント台北のレストラン「ブラッセリー」は、以前はアフタヌーンティーをやっていなかった。これも独立採算制になってから、小さな社長がより高いボーナスをねらって、どうすれば同じ面積と時間内で収益を上げられるか考えたことによる。

リージェント台北がビュッフェ形式のアフタヌーンティーを始めると、同業者も開始し、台湾のホテルではどこもアフタヌーンティーが提供されるようになった。ブラッセリーは当初の朝、昼、晩の三食にアフタヌーンティーが加わり、一時は夜食の時間帯の「レイトディナー」も提供された。営業時間は朝から深夜におよび、トップクラスのレストランになった。CNNでも、必ず食べたいビュッフェとして台北で唯一推薦されている。以前、最もよいレストランは五つ星ホテルの中にあったが、現在は独立したレストランの評価が高い。私たちは、早くからこの国際的な状況を知っており、多くの海外のホテルで二〇年前は有名なレストランだった店が、最後には宿泊客のレストランになり、競争力を失っていくのを見た。しかし、独立採算制は、リージェント台北に「ホテルの中の独立したレストラン」という魂を吹き込んでくれた。どのレストランもそれぞれの財務諸表を有し、直接外部の競合と比較できるのだ。

こうした戦略思考も、リージェント台北が他の国際ホテルとは異なる点である。

国際ホテルは普通、地元顧客向けレストランの多店舗営業はしないし、あってもせいぜい二～三のレストラン程度だ。だが、このホテルでは飲食をホテルの付属品ではなく、重要発展ビジネスだととらえている。

私たちは、リージェント台北のレストランは地元市場のトップでなければならないと考えている。地元市場で一位になれば、多くの美食家のリストに連ねられ、そうして初めてより多くの海外旅行客を魅了することができる。それは、海外旅行に行った時、地元の友人にレストランやホテルを推薦してもらうのと同じことなのだ。

最重要目標にフォーカスする実行力の確立

リージェント台北に部門別独立採算制を取り入れた後、私はついに王永慶に接するチャンスを得た。氏は嘉義の出身で、台湾政府が氏に阿里山の観光産業の発展の支援を求めたのだ。私たちは、タロコの天祥晶華を運営していたため、一緒に阿里山の視察に行くことになった。最終的に提携することはなかったが、その日は私の学びの旅だった。この経営の神様は、言葉は少なかったが、どの言葉にも重みがあった。私は氏から、物事を成し遂げるなら、フォーカスすることを理解すべきだと学んだ。

ここ数年、ＳＨＧで推進している学習目標の一つに、この「フォーカス」も挙げている。部門別独立採算制はリージェント台北に「ミッションを完遂」する行動力の体質をもたらした。だが、ホテルでは誰もが忙しく、私自身も含め、目の前のことを解決するのに大部分の時間が奪われ、最重要目標は後回しにされるのが常だった。

短期的には、とりあえず切迫していないことに手を付けないだけに見えるが、長い目で見れば、将来的な隠された深刻な問題に関連していることが多く、企業はまるで温水に入ったカエルのように未来の競争力を失っていく。多くの場合、努力が足りないのではなく、未来を考え合わせるのを忘れているのだ。

コロナ発生前、私はリージェント台北で４ＤＸを推進し、独立採算制の権利付与の四大トレーニングをした。一つ目は「最重要目標の設定」、二つ目は「先行指標からの着手」、三つ目は「目立つスコアボードの設置」、最後の一つは「当事者であることの浸透」である。まずは私や上層部が４ＤＸを学び、下へと推進していった。コロナ禍では、オンラインで４ＤＸコースを開講し、皆に履修してもらった。

この四つの規律は、組織に変化をもたらした。最重要目標設定の概念を打ち出すと、高い効果が期待できる先行指標に照準を合わせるようになり、仕事の効率が高められるようになった。「ミッションの達成」は、より価値のあることや最重要目標に用いられるからだ。多くのスタッフは、この考え方が仕事だけでなく、生活や子供の教育でも役立っていると言う。

実際、私はスタッフが仕事によって定義されるのではなく、自分が仕事の価値を定義していくようになってほしいと考えている。なぜなら「オーナーシップをとる」のは、勇気を持って責を担い、思考の幅を向上させることを意味するからだ。

私たちの４ＤＸは、独立採算制のもとで確立している。ホテルマンは職業柄、他の業種よりもミッションを完遂させる行動力を備えているものだ。独立採算制は、小さな社長文化を形成し、４ＤＸがスタッフを最重要目標にフォーカスさせ、コアなミッション達成に近づける。両者が合体すれば、組織の実行力と人材育成のアクションの青写真になるのである。

株の神様であるバフェットは、間違った道を走ってもムダだ、と述べている。言い換えれば、正確な道なら、たとえジョギングでも目標にたどりつけるということだ。リージェント台北やその母体であるＳＨＧは、一種の学びの場である。私はスタッフがミスを犯すのを恐れないし、ここが学習する組織となり、皆が共に成長していけることを願っている。

ホテルは、もともと企業であり、特殊なサービス業である。森羅万象あらゆることがここにあり、観光やホテル管理などを学んでいなくても入ってこられる業界だ。台湾のツーリズム業界がさらにレベルアップするには、教育から着手しなければならない。飲食・旅行の人材を技術職と真の企業経営の二つに分けるべきである。現在のホテル管理教育は、実際の作業面にあまりに偏っているのだ。

この部分を補うため、他の部門の会議を傍聴するのは実にいい方法だ。会議を聞いているうちに、他の部門の事情がわかり、合意と文化が形成されていく。ＳＨＧの会議は普通とは違う。機密がない場合には、興味があるスタッフなら誰でも傍聴できる。毎週行われるマーケティング広報会議は、実際にはプレゼンテーションの場であり、他の人のプレゼンの技も見られる。

会議はいわば学習だ。私と会議をしているスタッフは、話を聞いた後には質問しなければならないということを知っている。ＳＨＧの取締役会も同じで、会議に出席した総支配人たちは前もって質問を準備しておき、チャンスをとらえて取締役に尋ねる。彼らはよき教師なのだ。

「小さな社長」の育成から総支配人が誕生

リージェント台北は毎年、感謝祭の日に屋内では台湾で最も高いクリスマスツリーに点灯する。二〇二一年、私はリージェント台北とSHG料飲部門MDの呉偉正、ジャストスリープ台湾エリア総支配人及びウェルスプリング・バイ・シルクス総支配人陳恵芳、SHG南部エリア副総裁及びシルクスプレイス台南総支配人李靖文、シルクスプレイスタロコ総支配人趙嘉綺、そしてSHGのCFO林明月、COO顧嘉恵、マーケティング広報副総支配人の張筠を招き、ステージ上で一緒にツリーに点灯した。

コロナ禍において彼らは共に毎日必死に働き、従業員を率いて共に努力してきた。リージェント台北のアーバンリゾートホテルへの転換、テイクアウトやデリバリーオーダー用ECサイト「テイク・リージェント・ホーム」のプラットフォーム事業の立ち上げ、グループのデジタル化など目標を達成してくれた。心から感謝申し上げたい。

私は、多くの人を管理するのは得意ではないが、管理に長けた管理職の人材を見つけ出すのはうまい方だと思う。グループの現在の総支配人たちも、独立採算制の小さな社長から鍛錬されてきた人々だ。呉偉正は、SHGの料飲事業部でのすばらしい経歴を持っている。バーテンダー、バーラウンジ副理、グループ料飲総支配人、さらにリージェント台北およびＳＨＧ料飲部門ＭＤとなった。現在、ＳＨＧの多くのイノベーション・プロジェクトは彼が責任者となっている。

リージェント台北の初の台湾人スタッフで、従業員番号二番（一番は外国人の総支配人）の陳恵芳は、グループで唯一、リージェント台北、シルクスプレイス、ジャストスリープという三つのブランドの準備段階に携わった人物である。一九八八年、リージェント台北がまだ工事現場だった頃に入社し、臨時オフィスの秘書となった。オープン後には、客室予約業務、フロントでの接客など多くの部門の管理職を務めた。数年間、リージェント台北を離れたこともあったが、二〇〇七年に戻り、シルクスプレイス宜蘭、ジャストスリープ、ウェルスプリング・バイ・シルクスの準備と運営管理に参画した。ＳＨＧの企業文化と制度を最もよく知っているため、グループの新しいブランドの立ち上げには最も適任なのだ。彼女も４ＤＸの学びを活かし、仕事と生活のバランスをうまくとって、プライベートではマラソンをしたり、ＥＭＢＡを取ったりしている。また、４ＤＸを組織内の引き継ぎや従業員の多様な技能などの取得に応用している。

ＳＨＧでは、「出戻り」と「やり直し」の人材が少なからずおり、私たちはいずれも歓迎している。李靖文はもともとＳＨＧの人事部門の管理職だったが、一時、他のホテルに勤務していた。二〇一四年、私が彼女をシルクスプレイス台南の総支配人に引き抜くと、オープン一年目にして黒字となった。台湾の女優リン・チーリンが台南で行った結婚式も、李靖文がスタッフを率いて行ったものだ。その後、地元のリソースを統合し、式と結婚式のサービスを打ち出した。また二〇二一年、台湾でコロナが猛威をふるう中、ジャストスリープ台南十鼓館をオープンさせ、三カ月で利益を出した。彼女のやり方は従来のホテルのマーケティング・モデルを超えたもので、そのイノベーションは本部よりも進んだものもある。彼女は、ホテルマンになる前は、英語の先生だった。

私が総支配人を雇う時は、既存のホテルを引き継ぐ場合は新人を用い、新しくオープンするホテルはベテランをすえる。なぜなら、「当ホテルのＤＮＡ」を注入する必要があるからだ。

二〇一七年、リージェント重慶に総支配人が必要になった。このホテルは、二〇一六年にリージェントがオープンさせた新しい旗艦ホテルで、私たちにとって重要な指標だった。もともとの外国人総支配人はオーナーと折り合いが悪かった。そこで私はブランドＤＮＡを引き継げる総支配人を探した。人選をざっと見た後で、その時のリージェント台北の総支配人だった楊雋翰を派遣することに決めた。彼はかつてリージェント北京を立て直した経験もあった。楊雋翰は、宴会セールスの専門スタッフから始まり、さらにグループの館外レストランの営業支配人に着任、二〇一一年以降はシルクスプレイスタロコの総支配人となった。当時、彼は業界で最も若い総支配人で、シルクスプレイスタロコの黒字化を成功させた。

楊雋翰の後、シルクスプレイスタロコの総支配人の仕事を引き継いだ趙嘉綺は、ラ

2021年感謝祭の前日、リージェント台北は「感謝」をテーマにクリスマスツリーの点灯式を行った。潘思亮は、林名月、趙嘉綺、呉偉正、陳恵芳、李靖文、顧嘉恵、張筠（右から2番目から左の2番目）を招き、共にツリーに点灯をし、スタッフ全員への感謝を表した。

ジオ業界出身の人物だ。彼女は、シルクスプレイス宜蘭のマーケティング企画副支配人、シルクスプレイスタロコのマーケティング営業支配人と執行副総支配人を歴任するなど、常に鍛えられてきた。彼女の統率で、シルクスプレイスタロコは地元にしっかりと根をおろし、サービスの内容と質を深め、グループ傘下で最もファンの多いホテルとなった。

ＳＨＧのマーケティング広報副総支配人である張筠も、広報のアシスタントからスタートした。リージェント台北は彼女にとってホテル業界で初めての仕事で、リージェント台北だけだった時代からリージェント・インターナショナル、シルクスプレイス、ジャストスリープなどのブランドを有する国際ホテルグループＳＨＧになるまで、彼女が担当したマーケティング広報部は、まるでグループ全体を顧客とする総合マーケティング会社のようだった。

ＳＨＧにおいて、小さな社長から総支配人になったこれらの人材は、かつてはバーテンダーや秘書、アシスタント、英語教師、ラジオのパーソナリティーなどの経歴を経て、現在は国際的なステージで大きな責任を担っている。ＳＨＧは、正しい人を入社させるよりも、より多くの自発的な小さな社長を育成しようとしている。入社すれば、正しい人材になるチャンスがあるのだ。

リージェント台北はアーバンリゾートホテルへ転換したことで、多くの発見があった。エントランスでお客様を丁寧に出迎えるドアマンが、屋上のプールでのアクティビティのリーダーを務め、海外のエリートを接待してきたタイパン・クラブのフロント係が、落ち着きのない子供たちに話をじっと聞かせる特技があることなどだ。これはグループがスタッフに多様な能力と企画力をつけるための学習を奨励したことによる。

まだまだ多くの「爪」を隠した小さな社長たちが、その能力を発見されるのを待っているのだ。

ホテルは包容力が最大の業種だ。SHGは、正しい人を入社させるよりも、より多くの自発的な小さな社長を育成しようとしている。（写真は 2014年リージェント台北同窓会）

2020年、「リージェントクルーズ」が「出航」してから、プランや企画が次々に登場、「グルメ6000元で6000ポイント贈呈」や「東京グルメの旅」、「SHGを楽しむ二都ホリデー」、「ハロウィーンツアー」、「クリスマス二階建てバスツアー」、「一泊六食30時間満喫プラン」など盛りだくさんだ。

晶華訂房網站

ECサイト「テイク・リージェント・ホーム」で、五つ星ホテルのグルメをテイクアウト・デリバリー、そしてドライブスルーを創設。コロナ禍では世界一の業績をあげ、ＳＨＧのその後の成長のきっかけとなった。これは全スタッフが逆境の中で創造した奇跡である。

晶華美食到你家

第八章　水のエネルギー

——他者に幸福感をもたらす

経営は未来を探る旅のようなものだ。
本当に得たいものは、新しい視野である。
世界的なコロナ流行による変身の旅を経て、
私たちは「ウェルビーイングとサステナビリティ」を重視し始め、
持続可能な経営の新しい視野を切り開いた。

経営の道で新しい視野を発見

人生に「道」が必要なように、企業経営も「道」が必要だ。
私は、マルセル・プルーストが旅行の意味について述べた「本当の旅の発見は新しい風景をみることではなく、新しい目をもつことにある」という言葉が好きだ。旅行は新しい視野をもたらしてくれる。経営もまた未来を探る旅のようなものだ。人間は新しい景色を探すことに気が向いてしまい、本当に得るべきなのは新しい視野であることを忘れがちだ。

コロナ禍において、私たちは思いやりを新たな形でさまざまに実践し、「ウェルビーイングとサステナビリティ」、つまり個人の幸福感と人類の福祉をより重視し始めた。それはSHGが世界的なコロナ流行で変身をしていく旅であり、これによって持続可能な経営という新しい視野を切り開いたのだ。

これは単なる想像から出た考え方ではない。「なぜ過去がそのようだったのか」を理解する気づきである。この悟りは、物事が順調に進んでいる時には難しい。例えてみれば、茶はもともと美味だが、茶道の精神を体得するには、茶を味わう者の心持ちが大切なのと似ている。

私は二〇二〇年をSHGの「ウェルビーイング元年」と定め、体・心・魂、家庭、コミュニティ、ESG、学習などの面を経営理念に盛り込んだ。それはSHGが幸福感をもたらす存在でありたいと考えたためだ。

ホテル業はもともと人をもてなす産業であり、人々が喜びと幸せを享受し創造する場である。リゾート、パーティー、ウェディング、お祝い、ショッピング、会食、学習など、常にSHGはサービスで世界を感動させ、他者に幸福感をもたらすべく努力してきた。

この決定をした後、あらためてＳＨＧのブランドＤＮＡをチェックすると、ＳＡＲＳの後からすでにそのコンセプトの原型が芽生えていたことに気づいた。

リージェント台北の二〇階にある、一三〇坪の面積を有する沐蘭ＳＰＡは、ＳＨＧが最も早くに「ウェルビーイング」のコンセプトを盛り込んだ場所だ。ＳＡＲＳによる影響が続いた約半年間は、かえってホテルへの新たなイマジネーションをもたらしてくれた。

それはリージェント台北が単に宿泊、飲食、観光、ショッピングだけでなく、体も心もリラックスさせる場であるべきだということだ。私たちはお客様の体験から、心身をケアする、よりよいおもてなしができないか検討した。そこで思いついたのがＳＰＡである。香港のペニンシュラホテルやバンコクのマンダリンオリエンタルなど、トップのアーバンリゾートホテルには最高級のＳＰＡがある。

やると決めたからには、「ベスト」を目標にしなければならない。他のホテルの多くがＳＰＡの業者と提携しているのとは異なり、私たちは自分たちでアジア文化を代表するＳＰＡブランドを創設することにした。企画、準備、研修、実行と改装で、二〇〇万ドルを費やした。名称は、沐蘭ウェルスプリングＳＰＡという美しい名前である。

「沐蘭」の二文字は『楚辞・九歌』の中の「蘭湯に浴し芳に沐す」という一節から取った。その名には、水、香り、光が含まれている。題字は著名な書道家董陽孜のもので、空間デザインはシンガポール人のフランクリン・ポーが手がけ、スパの水の要素が五感で感じられるようにした。さらに、バリ島のフォーシーズンズ・ホテルで世界のベストスパに何度も輝いた記録を持ち、ホテルの首席アロマテラピストであるソフィアに、コースの企画とアロマテラピストの専門的な教育指導をしてもらった。

オープンは二〇〇六年で、これは市場初の試みとなった。二〇階からのすばらしい眺めの中、一三坪の一人用ルームが八室、二五坪の二人用ルームが二室ある。部屋ごとに、着替えスペース、シャワー、バスタブ、サウナが備えられている。施術用のベッドと休憩用のベッドは窓際にあり、異なる風景が楽しめる。入口を入ると、さらさらと流れる水の音から始まり、目に映るもの、漂う香り、音楽、手にふれるもの、スイーツ、プロフェッショナルなアロマテラピストの細やかな心づかいで、季節につれて変化する純粋で自然な体験を全身で満喫でき、心身ともにリラックスできる。

私たちの期待に応えるかのように、沐蘭ＳＰＡは、二〇一六年から連続六年間、世界スパ・アワードのベストホテルスパ大賞を受賞した。スパは単にホテルの中の癒しだけでなく、心身にやすらぎを与えるライフスタイルでもある。グループ傘下の各ホテルのアメニティは沐蘭のもので、ご自宅用のプライベートブランド商品も出している。ＥＣサイトでも商品が掲載され、自宅にいても沐蘭ＳＰＡの心地よさを楽しめるようになった。

ＳＡＲＳが私たちの概念を芽吹かせたのだとしたら、コロナはＳＨＧが持っていた「点」を「線」につなげてくれた契機だと言えるだろう。漢方医の張南雄博士は私の友人なのだが、アメリカのシリコンバレーでＡＩとビッグデータを使った漢方クリニック「問止中医」を創業した。私はそのＡＩの漢方カウンセリングシステムをＳＨＧに導入した。

当初は、従業員の健康のためで、多くの人がそれに世話になった。その後、ホテルのＶＩＰにも使用してもらうようになり、同じく好評を得た。私たちはさらに多くの人に体験してほしいと考え、本格的にＡＩ漢方カウンセリングを沐蘭ＳＰＡに導入し、個人の体質や状態に合った処方箋を提供するなど、スパに漢方の要素を盛り込んだ。

同時に、コロナ禍での巣ごもり需要に対応して、「養生茶」のティーパック、足湯用と沐浴用のパック、不眠、免疫、心肺機能の強化の機能と体内の毒素を排出するアロマテラピーの製品を用意した。

二〇二〇年、リージェント台北を五つのテーマにわけた際、二〇階は心身の癒しをテーマとした。沐蘭ＳＰＡのもう一方の側には国際都市の風景が望めるヨガ教室、沐蘭スイートＳＰＡヴィラがある。

ビジネススイートと異なり、沐蘭スイートは木目調のデザインで、静謐でリラックスしたリゾートの雰囲気を出す。全室とも木の床で、窓辺には低めの天蓋付きのダブルベッドを備え付けた。窓台には、上げ下げ可能な木のラティスがあり、外部と光を遮断できる工夫がされている。だが、すべて閉めず、少しだけ隙間をあけておいた方がいい。太陽の光で目覚めることは最も「ウェルビーイング」な目覚め方だからだ。

窓際のベッドからは、二〇階からの風景が一望でき、マッサージベッドとしても使用

沐蘭ＳＰＡは、６年連続で世界ＳＰＡアワードの対称を受賞した。
窓からの風景、その場の雰囲気、五感の体験など、心身がリラックスするライフスタイルがそこにある。

できる。沐蘭ＳＰＡには、沐蘭スイートに合わせてベッドの上で施術し心地よく眠りを誘うコースもある。独特な指圧のテクニックで、目、頭、肩などのツボをマッサージし、自然な眠気を誘うのである。最もすばらしいのは、施術が終わった後、そのまま眠れることだ。アロマテラピストは静かに退室し、お客様はリラックスしたまま眠れる。もし私のように不眠の経験があるなら、貴重な眠気が邪魔されることがどれだけ嫌なことかわかってもらえるだろう。

本質に戻り「ウェルビーイング」を組織の中へ

実を言えば、二〇二〇年の段階ではまだ、社内で「ウェルビーイング」の話をする時には健康が中心だった。一年半の間、ＳＨＧの企業文化と運営戦略を合わせて考えるべきだということはなんとなくわかっていたが、やはり物足りなさを感じていた。

二〇二一年の年越しカウントダウンを経て、二〇二二年を迎えると、頭の中にある理念がだんだんとクリアになってきた。企業と生き方を統率する上で、ウェルビーイングはＥＳＧと企業の社会責任であり、個人の家庭に対するＥＳＧも含んでいるというものだ。

企業が永続していくには、ＥＳＧがポイントだ。コロナは私にＳＨＧという企業のあるべき精神、そしてＳＨＧの従業員の誰もが愛すべき存在であることを気づかせてくれた。これまでの私たちは、一株当たりの利益（ＥＰＳ）を追求しながらも、環境に対する気配り、ガバナンス、社会責任のあり方などを強化してきた。だからこそ、私たちにとっては至極当たり前の多くの行いが、実際には国連のSDGsに合致していたのだ。

観光産業は「環境財」であり、周囲の環境との共生、利害関係者（ステークホルダー）と共によくあるべきことをよく理解していなければならない。思いやりの心があれば、自然に永続的な発展へと向かう。だから、SHGは、ESGの道をいつのまにか歩き始めていたのである。

当初は「プロジェクト」という「点」から出発した。例えば、イベントでのチャリティー活動、地域の公益活動への参加、社会的弱者を助けること、身障者が技能を学ぶことの支援などだ。環境保護の責任も果たしており、お客様用の消耗品の備品は有効に再利用し、余ったトイレットペーパーを集めて箱詰めし、客室のアメニティも養護施設に寄贈している。

公益活動に自ら参加しているスタッフもいる。一九九三年にリージェント台北に入り、現在ロビンズ鉄板焼きの総料理長を務めている陳春生もその一人だ。

「鉄板焼きおじさん」と呼ばれている彼は、よく社会的な名士に指名される。ロビンズ鉄板焼きの卵チャーハンは、彼が考え出したものだ。ベーコン、米粒より小さいみじん切りのにんじん、玉ねぎ、にんにく、卵、ライスをさっと炒めるだけなのだが、なんとも言えないうまさがある。陳春生は、調理ボランティアグループの発起人でもある。名シェフであると同時に、花蓮の黎明教養院でボランティアをしているのだ。規模は、二人組から百人のボランティアグループまでとさまざまで、ＢＣＣラジオのリスナーや彼のファンに声をかければ、スーシェフや雑用係に名乗りを上げるものが続々と集まる。メンバーは、パイロットや教授、医者、弁護士、セレブなど多彩な顔ぶれだ。

陳春生の人生物語は、「向前走（前に進め）」という歌の「ふるさとと家族よ、さようなら……俺は台北で一旗上げる」という歌詞のようだ。幼い頃は、台風が来る時には鉄線や岩で屋根を押さえないと吹き飛ばされてしまうようなボロボロの家に住んでいた。彼は、自分が会社のおかげで幸せな人生を送れているという思いから、数年前にボランティアでの炊き出しを始めたという。観光産業は社会のどのような人でも懐深く受け止めるのだ。

ＷＴＴＣ（世界旅行ツーリズム協議会）によると、社会の流動性の促進や就業機会の創出などで、世界のＧＤＰの貢献度は一〇％にも達しているという。もちろん都市でも地方でも、観光は地元経済と深く結びついた産業で、中小企業や個人事業主を世話し、さらにＬＧＢＴにもやさしく、男女同権で、最も平等な産業なのである。

あるいは、これは観光産業のラッキーな点かもしれない。他の産業が実際にどうすべきか議論し、初期の投入コストが財務報告に影響すると頭を抱えている時、観光産業は、その方向性が本来的に人類の幸福や楽しさを追求する目標と一致しているため、自然とＥＳＧの場が形成できるのだ。ＳＨＧが「ウェルビーイング」をビジネスの意義としたのは、単に本質に戻り、日常的に持続可能性の志を実践しているだけなのである。

私たちは、コロナ対策を行いつつ、スタッフ、お客様、家族、社会への保障を全面的に引き上げ、体・心・魂、家庭、飲食、学習、社会、環境、文化などの面をよくしようと考えた。このため、SHGの「ウェルビーイング」の追求は、ESG×永続×体・心・魂を含み、企業、個人、そして家庭へと至るものとなった。

仕事で言えば、皆がお互いに今日より明日がよくなる手助けをすることだ。一〇人を管理している職にある人間なら一〇人、千人を管理している総支配人なら千人をよりよくできるということである。プラスのエネルギーの影響力で、SHGのすべてのスタッフが「ウェルビーイング」の小さな歯車となり共に動けば、その行動のすべてが世界をよりよくする原動力になる。

SHGの言う思いやりに戻れば、「ウェルビーイング」は単に企業、個人の仕事に有益であるだけでなく、すべての個人の生活、家庭、友人にもよりそう。だから個人の家庭もESGに含まなければならないのである。

私にこのインスピレーションをくれたのは、コンスタンスだった。彼女は、私にとっては妻であり、子供たちの母親であり、そして家族同士の絆をつなぐ人である。家庭では、彼女のやり方でESGが実践されている。彼女はまた多くの美徳を積んでいる。それは家族に対してだけでなく、彼女が参加しているグループや組織でも同じで、人には知られない控え目な形で大きく貢献しているのである。

私がバークレイ大学で初めてコンスタンスを見たのは、気の置けない仲間たちとキャンパスでおしゃべりしている時だった。突然、前を歩いていく女の子に目が吸い寄せられた。その姿はまるで仙女のようだった。私は、その場でルームメイトに「She is gonna be my wife.（彼女はぼくの妻になる）」と言った。これがいわゆる一目ぼれなのだろう。

縁とは実に奇妙なものだ。数ヵ月後、私たちはサークルのイベントで再会した。彼女はそのイベントのMCだったのだ。だが、私が彼女に与えた第一印象はあまりよくなかった。私は会場に着くと、すぐにそこにあったスナックを食べ始めたのだ。目端のきく彼女に、それはイベントが終わってから食べるものよ、と注意された。まあいい！少し変わった方法ではあるが、女神に私を覚えてもらえたのだから！

二人とも偶然に経済を専攻していた。私はまじめに講義を聞いてはいたが、ノートは取らなかった。試験前はいつも彼女にノートを借り、おかげでいつもAをとっていた。大学を卒業すると、彼女は金融アナリストになり、私はコロンビア大学のMBAへと進学した。二人は早くからお互いを一生の相手と考え、大学院の期間は彼女が私を経済的に支え、勉強に集中させてくれた。二三歳、大学院を修了したその年、私たちは結婚した。場所はサンフランシスコの教会で、私の兄が運転手を務め、新郎の付き添いは親友の呉可方が務めた。彼は、その時にドジをふんだ。結婚指輪を教会に持ってくるのを忘れたのだ。あわてて飛んで帰り、私たち同級生は大笑いしたのだった。呉可方は、私の高校の時の同級生で、また私がアメリカで初めてできた親友だった。現在は、アメリカの不動産の投資開発を任せている。

二六歳の時、私は台北へ戻った。コンスタンスはアメリカで生まれた華人第二世代で、中国語があまり話せなかった。そこで、彼女は娘の勉強を見るために、師範大学の中国語コースに入り、基礎から学んだ。非常に熱心な学生で、師範大学から奨学金をもらうほどだった。小学校の教科書は、いつも二冊買い、娘と一緒に勉強していた。

私が最も敬服するのは、彼女が実にきちんとしている点だ。彼女は軍人の家庭に生まれ、家族の栄誉感、責任感、正義感を受け継いだ。コンスタンスの祖父蒋鼎文（一八九三―一九七四）は陸軍上級大将で、母方の祖父冷欣（一九〇〇―一九八七）は第二次世界大戦の大陸軍区受降将軍だった。コンスタンスは、ニューヨークのアンティークのオークションで、祖父のすべての勲章を競り落とし、家の宝として大切にしている。

彼女は、やりたいことがあれば、順序だてて明確に計画を実行していく。私は彼女を誇りに思っている。経営者となって三〇年、私の人生に彼女がいること、そして全身全霊でサポートしてくれていることに感謝する。

人類の幸せの追求を実現する産業

ＳＨＧは「ウェルビーイング」な存在になり、その経験が自然に蓄積されエネルギーにしていくべきだと、私は強く感じている。私たちは「思いやり」を掲げすでに二〇年

潘思亮はバークレイ大学でコンスタンスに初めて出会った時に一目ぼれし、彼女を将来、妻にすると決めた。23 歳の時、二人はサンフランシスコのグレース教会で結婚した。

るものである。

以上になる。思いやりは自他に利する思いであり、知らず知らずのうちに行動に影響す

台湾の観光産業はコロナの影響で再構築を迫られた。私は最初にスタッフと「共生」し、リストラなし、減給なしにすることを決定した。そして台湾政府に、企業と共生し、困難を乗り越えるための助成金を出すよう提言した。その後、政府は多めの助成金を提供してくれ、そのおかげで私たちは多くの研修コースを開講し、グループの「共に学ぶ」と「共に創る」をスタートさせた。それだけでなく、外部から失職中の観光ガイドを招き、スタッフにホテル周辺の文化について講義をしてもらった。同業者も収入が必要だし、私たちも地元文化の知識を増強する必要があった。これは内と外が「共によくある」例である。

その期間、私自身、海外の多くのメディアや組織から声をかけられ、ズームなどのアプリを使い、台湾のコロナ対策、ＳＨＧの転換などを世界とシェアし、国際的に「共によくある」ことができた。また私たちのミッションの一つである「台湾の最も良いものを世界へ」も行えた。

この戦いを通じて、私はスタッフ、社会と政府と共によくある必要性を深く理解した。実際、ＳＨＧの当初の経営はこういう形ではなかった。二〇代の私が考えていたのは、株主の利益をより大きくし、財務業績を重視することだった。

しかし、経営の経験を積み、永続経営へと向かって行くうちに、スタッフやお客様、

社会、環境など利害関係者の権利と利益を考えるようになった。そこには、天・地・人の間の関係も含まれている。特に二〇一〇年以降、SHGは真の意味で国際的なホテルグループになった。

コロナ禍のこの二年間は、SHGを見直す期間となり、これまで行ってきた共によくあることを見つめ、「ウェルビーイング」への前進を加速できたと感じている。

コロナ禍以降、台湾で行われたカリフォルニア大学のバークレイとコロンビア大学の台湾学友会で、興味深い現象があった。それは、会に年配者から若者まで多くの人、さらに今まで参加したことがなかった人も出席していたことだ。実業家、華僑、海外で生まれた華人など多くの人が台湾に戻ってきた。それは台湾のコロナ対策がしっかりしていたからだ。おそらくこれまでで最も多くの人が台湾に戻ってきた時期だっただろう。皆が台湾のよさを再発見したのだ。

実際、台湾はずっとそうだった。ただ私たちがそれに慣れ過ぎているのだ。

台湾はもともと世界の中でも住みやすい場所だ。ポストコロナの時代になれば、台湾の価値が見直されるに違いない。そこに人材を呼ぶプランやUターンの促進をすれば、これから黄金の三〇年を作り出すチャンスが生まれる。

私が見る台湾は、中華文化と日本のライフスタイル、アメリカのビジネスバリューを同時に有する超福祉強権である。台湾の黄金の三〇年のスタートはまた、グループ再生の三〇年でもある。

未来の世界では、人々の仕事、生活、学習、娯楽の境界が消えるだろう。そこで「ウェルビーイング」をもっと浸透させられれば、人々の幸福度はより高まる。ホテルはさまざまな業種を内包している。

ＳＨＧの目標は、人類の福祉を追求する企業へとアップグレードすることである。私たちはコロナ禍に、シルクスＸという新しいホテルブランドの立ち上げに着手した。これは東森グループの林口本部ビル二九～三六階に入っており、二〇二六年にオープンする予定だ。

シルクスＸはクロスオーバーを強調し、仕事、生活、レジャーなどさまざまなニーズを同時に満足させようとするものである。部屋のデザインも、ロングステイや仕事に適した作りになっている。もちろん、そこでは私たちの「ウェルビーイング」に対する新たなアイディアも盛り込まれている。

リージェントの創業者であるロバート・Ｈ・バーンズの名言を引用したい。「私たちが唯一追求しているのはラグジュアリーであること、私たちのホテルの唯一の共通点はそれがいずれも独特であること」。独特さはＳＨＧ傘下のすべてのホテルの共通点である。私は、ＳＨＧが人類の福祉追求を満足させる企業として唯一無二の存在であることを信じている。

従業員の幸福感へと通じる道の発展

毎年、グループでは年に二回、従業員の仕事への満足度と向上心を調査する「R12」を実施している。Rは、「Regent」を意味する。その名が示すように、これは一二の自己評価の質問からなっており、従業員の仕事に対する感覚の簡易検査のようなものだ。

スタッフは私がこれを特に重視していることを知っている。部門別独立採算制の中、各事業部門は明確なＫＰＩ目標を持っている。このため、この一二のテーマが注目するのは数字ではない部分で、従業員の熱中度、共感度、職場の異動を希望するかなどがわかる。これによって、管理職と人事部は早めに刺激を与える案や適した成長プランを提示する。それはまた一方で管理職の思いやりを写す鏡であり、スタッフの基本的な部分を育成するものでもある。

例えば、職場で活躍や学習、成長のチャンスがあるか。会社のミッションが従業員の仕事に影響力を発揮しているか。管理職がメンバーの話に耳を傾けたり、ほめるのを忘れていないか。会社にいい友人はいるか。友人や家族、親戚にグループで仕事することを勧めるか……。それはまた管理者の自己発見のよきツールで、積極的にスタッフの話を聞くようになり、チームとともに学習できる。

多くの文献と研究によると、仕事、健康、よい人間関係は、従業員の幸福度を高め、それが職業への倦怠感を低減し、レジリエンス（精神的回復力）が強まって業績アップにつながるという。

　現在、人事部では「仕事での幸せ指数」のアンケートもしており、チームの雰囲気、仕事環境、学習機会、管理職の管理方法、企業文化と仕事量の指標などを理解しようとしている。「R12」と「仕事での幸せ指数」を通し、以前よりもさらに従業員の幸福度をより明確にしようという試みだ。

　危機は皆の上昇力を大いに刺激し、また私たちに自分たちが持っている独自性——共に学び、共に創り、ともによくあるチームへのグレードアップ——を見せた。ＳＨＧの職場のリズムは常に高速運転のようで、二年間のコロナはさらなる変革、さらなるスピーディーな前進を生み出した。

　また、私が強調したいのは、どんな行いでも、お客様に無理強いしてはならないということだ。一〇年前、連泊の場合はエコのためにベッドのシーツを変えない提案をしたが、多くのお客様は慣れず、私たちも強制はしなかった。ＳＨＧは、どのホテルの総支配人にも、ビジネスとエコの間でどのようにバランスを取るか自分自身で決定するようにしている。私たちのこだわりがお客様の権利を損ねてはならない。それはオプションであり、お客様が自由に選択すべきものなのだ。

　企業が永続的に経営するには、そのビジネス的な条件としてお客様からの共感を得なければならない。「ウェルビーイング」は信仰でも宗教でもなく、ライフスタイルなのである。ＳＨＧの人間はそれを心に刻み付けておかなければならない。

潘思亮は、AI の漢方カウンセリングシステムをリージェント台北の沐蘭ウェルスプリングＳＰＡに導入し、ハイテクを合わせた独特な養生体験を創造したいと考えている。人体をスキャンし測定して、マッサージと運動の習慣から、ベストの飲食のアレンジをし、お客様ごとのオーダーメイドの「ウェルビーイングプラン」である。

例えば、私が張南雄にブレンドしてもらった養生茶や私自身が実験台となったピュア・スムージーは、ＳＨＧの各ホテルのレストラン、沐蘭ＳＰＡ、タイパン・クラブなどで味わえる。野菜や果物をメインにしたスムージーを提供するのは、ユーザーにヘルシーな選択を増やしたかったからだが、これももちろんお客様には無理強いしない。

スムージーのレシピは二〇二〇年、私が妻とアメリカに行った時に、同級生のマイクが教えてくれたもので、キャベツ、ほうれん草、バナナ、リンゴ、生姜、アーモンドミルクなどが入っている。もともと私はサラダが好きで、隔離期間中は毎日作っていた。見た目の悪い野菜や果物はスムージーにし、見た目のいいものは昼食のサラダにする。環境にもやさしい。作り方は気分次第で、冷蔵庫にある食材を組み合わせる。緑の野菜は約半分、そこに新鮮な果物、ナッツやシードを入れれば、ヘルシードリンクになる。

一カ月ほど飲み続け、台湾に戻って定期健診を受けると、以前はコレステロール値が高かったのだが、総コレステロール値とＬＤＬコレステロール（悪玉コレステロール）値がいずれも四〇％も下がっていた。医者も驚き、一体何をしたのかと聞くほどだった。食生活が体を変化させたのだ。

私は、自分が試した体にいいものは、スタッフにもシェアする。もちろんスムージーもすすめ、研究開発チームがよりまろやかにし、何種類かの一〇〇％ヘルシーでおいしいピュア・スムージーが完成した。フーディーの姚舜に勧めると、彼は私が大好きなロビンズサラダバーになぞらえ、「これはまさに飲むサラダバーだ！」と絶賛してくれた。

今後はハイテクを合わせた独特な養生体験を創造したいと考えている。人体をスキャンし測定して、マッサージと運動の習慣から、ベストの食事をアレンジする、お客様ごとのオーダーメイドの「ウェルビーイングプラン」である。機が熟した時に打ち出すかもしれない。

思いやりのある招待

私はかつて自分にこう尋ねたことがある。気楽に人生を過ごすこともできたのに、なぜ二〇年余り前にあれほど多くの借金をし、自分より一〇倍も力のある大物からすべての株式を買い取り、自分でリージェント台北を経営しようと思ったのか、と。

公的な面では、私はＳＨＧの経営を安定させ、より発展させていく責任がある。それに全力で向かわなければ、従業員と株主に見せる顔がない。私的な面では、リージェント台北は父が創業した事業である。私は父のように財産をすべて寄付するような度量はない。

だが、今思えば、若い時から物質的なものにはあまり心が動かず、知的な活動や有意義なことをするのが好きだった。私がうれしくなるのは、プライベートジェット機やヨットを所有することではなく、他者が喜んでくれることである。

他者の喜びによって「啓発された自己利益」が生まれるという説がある。その人が、自分の属するグループの利益のために努力しさえすれば、結局は自己利益を実現するというのだ。実際、他者に幸福感をもたらすことが今の私の新たなハッピー指数になっているのだ。

この本は、これまでの三〇年間の総まとめのようなものだ。もしこの二年余りのコロナがなければ、SHGのストーリーはこれほど鮮烈なものにはならなかった。危機が私たちを変化させ再生させたのだ。私自身、まるで第二の人生をスタートさせたかのように感じている。

総まとめといっても、ここで幕が閉じるわけではない。それは新しい旅の始まりだ。私もまだ学びの途中である。学習は私のレジャーであり、人生に対する姿勢でもある。

経営者としての三〇年間、「三〇にして立つ」ことで得た贈り物は、コロナで鍛えられた再生の旅である。新しいSHGの登場は、「含徳の厚きは、赤子に比す」という老子の言葉を思い起こさせる。

その意味は、私たちの人生は厚みが必要で、それは赤子のように厚い徳を持たなければならないというものだ。嬰児は、生まれたての時にはその命の厚みをまったく失っていないが、大人はその成長の中で真を失い、徳を失っていく。だから、人は赤子に戻る必要がある。私もこの二年間で新生の重要性に気づいた。

真の発見の旅とは、新しい景色を探すことではない。新しい目で見ることなのだ。私は、思いやりの心でこの旅にあなたを招待したい。もしSHGのストーリーがポストコロナの世界になにか新しい考えや行動の変化を創り出せたなら、共に「ウェルビーイング」で共によくあり、共に創り、共に学ぶ新しい世界へ一緒に行こうではないか！

挑戦や変身を求め、発見の旅に踏み出したすべての人への誘いである。

さて、この旅であなたは一体どのような新しい視野を持ちたいだろうか？

ポストコロナの新しいビジネスモデル
——五つ星ホテルとレジデンスの総合開発運営

二〇〇八年、金融危機によって世界はひどい不景気に陥った。ホテル経営が困難になったのはもちろん、新しいホテルを建てることなど不可能だった。なぜなら融資してくれる銀行がないからだ。こうした経営環境では、イノベーション可能なビジネスモデルは、ホテルとサービスアパートメントを結合させたサービスレジデンスしかないと考えた。

ポルト・モンテネグロのレジデンスは、私たちの最初の代表作である。そこは以前、ユーゴスラビア最大の軍港だった場所で、地形は南フランスのモンテカルトによく似ている。東欧のハワイとも称され、全世界で最も金持ちのユダヤ人一家に買い取られていた。このプロジェクトを進めるため、まず『007カジノロワイヤル』の撮影チームにここでロケをしてもらった。映画が上映されれば、世界的に人気の景色となるしかけだ。これは、金融危機の後、ヨーロッパで初めて建築されオープンしたホテルでもあり（二〇一四年）、ヨーロッパ初のホテルとレジデンスの一体型プロジェクトだった。

これによってサービスレジデンスのトップブランドとなった私たちは、インドネシアのジャカルタ、アメリカのボストン（レジデンスのみ）、そしてベトナムのフーコック島などで提携し、単価は同業他社よりも高いものの、毎期完売を続けている。

二〇二二年五月初めには、ベトナム最大の島――フーコック島のリージェントフーコックをオープンさせた。それは五つ星リゾートホテルと別荘を総合開発した、アジアで最も成功したプロジェクトである。販売額は全体の開発コストの二倍で、ホテルの全客室がオープン後すぐに完売するという記録を作った。

リージェントフーコックは豊かな自然に恵まれたベトナムの西海岸に位置し、白い砂浜と国連ユネスコの生物圏保護区に隣接している。美しい景色に囲まれているようにするため、私たちは二つの内海を掘り、建物群がすべて海に面するようにした。エリア全体では、計一二〇室のホテルの客室（一二〇キー）、四二室の二部屋からなるスカイ・ヴィラ（八四キー）、二部屋や三部屋からなる八〇棟のユニット・ヴィラ（一九八キー）、合計四二〇の部屋（四二〇キー）を有する。すべてのヴィラにはプライベートプールが設置されている。

この総合開発案が成功したポイントは、不動産をキャッシュフローを生み出す自己居住用や財テク商品とし、不動産の権利を購入した所有者が同時にホテルに経営管理を委託する大家となる点である。自分で住まない時はヴィラとしてホテル全体の経営管理の中に組み込まれ、収入が得られる。二部屋のスカイ・

ヴィラを例にすると、一棟を予約してもいいし、大小の部屋（二キー）を分けて予約してもいい。これによって、家庭や個人の旅行のニーズの客層を満足させられる（図七）。

五つ星ホテルとレジデンスの総合開発運営は、ＳＨＧの台湾での利益の礎でもある。リージェント・インターナショナルは、五つ星ブランドのレジデンスの世界的イノベーションのトップブランドでもあり、アジア、ヨーロッパ、アメリカの三大大陸で展開している。それは、デベロッパーが土地と建設のコストをスピーディーに回収でき、ホテルからも回収が可能で、さらにレバレッジ効果を生んで不動産売却も加速させられる。

キャッシュフローを巨大化したこうした不動産型動産は、五つ星ブランドの企画力と運営力が必要で、そうして初めて本当の意味で活性化する。このため、リージェントはレジデンスブランドとして名を上げられ、さらに安定したキャッシュフローの投資商品を有することができる。ライフスタイルの楽しみの中に、財テクも加えれば、人生はより豊かになる。これは一種のモダン・ライフスタイルの要素と言えるのではないだろうか。

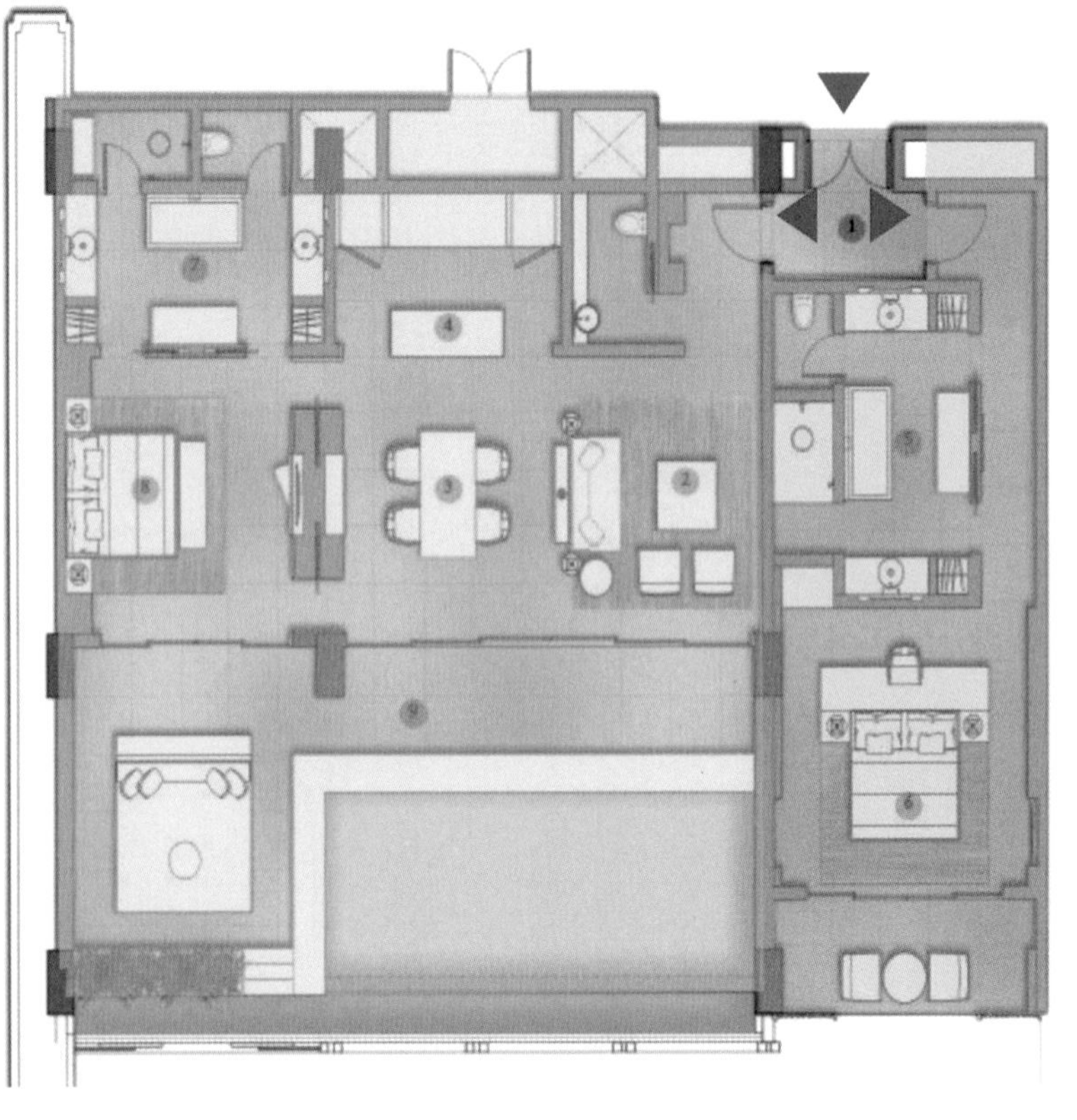

図7. 二間のスカイ・ヴィラの間取り図

（二間一緒にファミリーでも使用できるし、プール付き
ヴィラとワンルームとして二組で使用することも可能。）

リージェントフーコックの建物はすべて海に面しており、すべてのスカイ・ヴィラがプライベートプールを備えている。

リージェント・ジャカルタは、ラグジュアリーホテルであると同時に、ハイクラスなレジデンスや国際企業向けオフィスを備えている。

オーシャンビューのレジデンスにＳＨＧのサービスを合わせることで、ボストンにラグジュアリーの新たなモデルを確立。（写真はボストン・シーポート・エシュロン・バイ・リージェント）

2022年5月初め、ベトナム最大の島 ——フーコック島のリージェントフーコックがオープンした。自然に恵まれ、白い砂浜と国連ユネスコの世界生物保護区に隣接している。

エピローグ

企業の信仰と修養

この本の最後に、「経営」から「経営の道」――この極めて重要だが見過ごされがちな永遠のキーワードである企業の信仰と修養――を述べてみたい。

哲学者は、信仰の道は神に頼れるが、修養の道は自分で歩まなければならないという。企業と組織（図八）に当てはめれば、信仰は企業の存在目的、そしてそのブランド（企業）の哲学観である。普通、崇高で拡大可能な遠大な志や夢があり、ビジョン、ミッション、バリューと結びつき、知恵を生み出す。

修養は企業の現実的な道のりである。信仰を根底に持ちつつ本業に精進し、製品とサービスにおいてイノベーションを起こすことで、成長力を得る。そして、組織の能力の強化とチームの育成に努力し続け、限界や優位性を高めていく道である。

一方、修養とは企業の品格を高めることである。企業は良心に基づいて行動し、また製品の技術面とチームの実行面を通じて、いかに社会責任、ＥＳＧを果たしていくかを考えなければならない。

明確な信仰と修養がなく、ユーザーや社会に対する自らの存在の意味を追求しなければ、その企業は数回の荒波や一度だけの津波で、あっという間に沈没してしまうだろう。

台湾企業は、経営はうまい。だが、企業の信仰と修養はおろそかにされがちで、経営の道を創出できず、スケールも大きくできないことが多い。世界的な企業やそのトップには、彼ら自身の経営の道があるものなのだ。

経営と経営の道は二つの異なる視野である。多くの企業のトップは、その違いに注意しない。経営がうまいということは、実行力や技術の面で優勢であるというだけで、企業が成熟期を迎えると、次第に力を落とし、危機に遭遇するたびに傷を負うだけである。危機を勝機に変えられないのだ。

最上位の企業家やトップは、経営の道に焦点を合わせ、常にその理念を問い、思考し、語り続ける。目的をもってなにかを始め、ビジョンを持った統率の絶対的な強みを創造する。世界的に名誉ある企業家で、日本の「経営の神様」である稲盛和夫の言葉――崇高な思想や人生観がなければ人を納得させることはできない。立派な経営をしたいなら、考え方、人生観、哲学をしっかりと持つべきである――は実に適切である。

稲盛和夫はさらに、企業を成長させたいなら、哲学を共有できる人材を育成し

企業
存在の目的
Purpose
水のエネルギー：永続の力
信仰
ブランド哲学
Philosophy
風のエネルギー：
知恵の力
修養
サービスの
イノベーションと
製品の思想
Product
土のエネルギー：生きる力
修養
組織実行力と
人材育成
People
火のエネルギー：チームの力

図８．企業の信仰と修養

なければならない、その哲学を基礎に判断をし行動すべきだと述べている。それはつまり、すべての行いの中に経営哲学があるということであり、その点こそが最も見習うべき点である。

管理のコツよりも、経営の哲学こそが尊い。

しかし、経営から経営の道へといたるには、時間と経験が必要である。高みにのぼったり、逆境や危機に遭遇したり、挫折や失敗、栄光、賞賛など、すべての境遇がリーダーを鍛錬するチャンスになり、企業の信仰と修養を試すものとなる。その論理を透徹するため、潘思亮はＳＨＧを率いて、昨日の自分を超え続けてきた。前向きで積極的に危機を試練のチャンスととらえ、チームと逆境の中で転換を模索し、難局の中でイノベーションを考える。超越から卓越へと進化し、世界のホテル産業のイノベーションのモデルとなったのだ。

実際、私たちはすでにこの道理を知っている。

なぜ高温で調理した料理、例えばグリルしたシーフードや炭焼きのステーキ、強火の炒め物などは、すばらしい香りや焼き色で食欲を刺激するのだろうか。その秘訣はメイラード反応——過熱することで糖とタンパク質が結合し、より強いうまみ、香りを引き出す化学的な作用——にある。

突然の危機は、まるで食材が突然高温の中に入れられ、それまでにない大量の熱量に直面するようなものだ。高温に焦がされるにまかせるより、運命がもたらした熱量だと考え、メイラード反応を促すエネルギーととらえれば、人生の味わいは高まり、色合いを添えてくれることになる。

私たちは、最も困難な逆境にどのように立ち向かうべきなのだろうか?どのように心を強く、大きくすべきなのか?不確実で、未来に不安があるなら、いっそ勇気をもってフォーカスしなおし、未来に狙いを定め、変化をさせていった方がいい。運命は個性の中に隠されている。思想はそれを延長した相対的な結果で、心から生まれ出るものである。

すべては心から生まれる。心こそが人生と企業を開拓するカギである。この世で本当の意味で覚醒している人は実に少ない。だが、私たちは知恵を求める人にはなれる。

昨日よりもよりよい自分になるために、今こそ前へ進む時なのだ。

あとがき

I　継承——三人の恩人への感謝

ＳＨＧ経営の根源に深く関わっている三人の方に特に感謝したい。

一人目は、上海商銀の名誉会長である栄鴻慶（一九二三—二〇二二）である。二〇二二年初頭、私たちはズームで取締役会を行っていた。氏はその人生の最後の一日まで仕事をし、両岸三地の金融発展史を見守ってきた。この台湾で最もベテランの銀行家に敬意を表したい。

栄会長は清朝末から民国初期の時期に生まれた。父親は、紡績王、小麦粉王と呼ばれた著名な企業家の栄宗敬で、一九一九年に上海商銀の最大株主になった。だが、大陸が陥落し、香港支店以外の上海商銀は閉鎖されてしまう。台湾で栄家が上海商銀の業務再開を申請したのは、一九六五年のことだ。栄会長には、有名ないとこもいる。それは中華人民共和国の副主席だった栄毅仁だ。

私と栄会長の縁は、上海商銀が出資した中国旅行社とリージェント台北の共同投資によるシルクスプレイスタロコの案件だけではない。潘家と栄家はずっと家族ぐるみの付き合いをしてきたのだ。一九六〇年代、父が船舶解体事業を経営していた時代には、上海商銀の香港支店でＬＣを発行していたし、上海商銀が台湾で再度業務を始めた時には、父は当たり前のように第一期の顧客となった。私たちがアメリカにいた時も、上海商銀のサンフランシスコ支店と付き合いがあった。

また、潘家はその後、上海商銀の株主になった。きっかけは人助けだ。当時、上海商銀行のある株主の未亡人が急に金が必要になり、株を売りたいと考えた。私たちは値段も聞かず、何も条件を出さずにそれを買い受けたのだ。

栄会長は思い出を大切にする人だった。氏は長年香港に住んでいたが、台湾に戻った時には必ずリージェント台北に宿泊した。私たちのスタッフとも親しんでいた。

ある年、台湾で取締役会議が行われたのだが、会議の場所は他の五つ星ホテルで、会社もそこに宿泊の予約を入れていた。だが、その日の夜、会長は夫人とリージェント台北に宿泊されたのだ。二～三年前、私たちはリニューアルを検討していたが、会長が不慣れに感じるかもしれないので、事前に会長夫妻にツインルームの設計図をお見せした。会長は、年配者に何が必要か貴重な意見をくださった。

また、ある時には、会長が電話をかけてきた時、話の流れで会長が台北に不動産を所有していることがわかった。私は思わず「台北に家があるのに、なぜいつもこちらに泊まるのですか？」と尋ねた。会長は「不動産は投資のためだよ。私はリージェント台北に泊まるのが好きなんだ。家に戻ったようでね」と答えた。会長は、リージェント台北で宿泊数の最も多いゲストで、計二千泊あまりを数える。そういった個人的な付き合いだけでなく、上海商銀の企業文化にはSHGが学ぶべき点が多々あった。プロ集団の育成とオーナーシップ、そして栄家の三世代に及ぶ家風の継承と活躍ぶりは、私にとって家族企業の理想だった。

「哲人の日、すでに遠のけど、典型は夙昔に在り（賢者がいた時代はすでに遠くなったが、彼らが掲げた手本は今もまだある）」。この学ぶべきことの多い、人生の先輩を私は心から懐かしく思う。

二人目は、義美食品の高志尚社長である。高氏と知り合ったのは、二〇〇〇年のことだ。その時、私は陳由豪の株権を買い取る準備をしていた。高氏は大安銀行（後に台新銀行に吸収合併）の代表で、最終的に私は大安銀行からは融資を受けなかったが、氏とは気心の知れた友人となった。私たちは年の差が一〇以上あるが、たまたま誕生日が同じで、クラシック音楽を愛し、企業のこと、音楽のことなど、何でも話せた。高氏は兄でもあり友でもある。氏が私とSHGを育ててくれたことに感謝したい。

長年、高氏は私たちに貴重なアドバイスをくれ、熱心に手助けしてくれた。例えば、私たちの空港での出店の推薦、新光グループとの提携による信義区のレジデンス「ジャスパー・ヴィラ」などで大いにお世話になった。またコロナ期間中、観光業界がすぐに政府の助成金を得られたカギは、高氏にあった。

コロナが深刻化した当初、直接、当時の交通大臣林佳龍に提言できたのは、高氏のおかげなのだ。氏は私の考えを聞き終わると、すぐさま観光協会会長の葉菊蘭に電話してくれた。その後、葉会長が大臣との接見を取り計らってくれたのだが、最初に高氏がつないでくれなければ、世界的なコロナの大流行で、観光業界の損失はさらに深刻なものとなっていただろう。ＳＨＧも政府からの助成金があったおかげで、学習する組織への転換をはかる契機ができた。

三人目は、トンテックスグループ創業者兼総裁で、かつてはリージェント台北の会長だった陳由豪である。陳氏は私より二〇歳以上年上で、私が台湾に戻りリージェント台北総裁に着任した時、氏は会長で、私のボスだった。思い返してみれば、氏に与えられたさまざまな試練は、貴重な社会勉強になった。台湾大学経済学科卒の氏は頭脳明晰で、長い目で見ることができ、要点をぱっとつかむ力が実に優れていた。当時、リージェント台北が部門別独立採算制を導入することにこだわり、このホテルによりよい運営管理の基礎を打ち立てた。これによって、リージェント台北は、サービス業として初めて部門別独立採算制を取り入れた企業となった。

しかし、リージェント台北が一九九八年に上場すると、私と氏の立場は食い違ってしまった。

氏はトンテックスグループの利益をより重んじ、私はリージェント台北と潘家の利益を守ろうとした。二人は、敵対するようになったのだ。たもとを分かつ前の最後の二年間は実に苦しめられたが、二〇年にもおよぶ氏との実践的な経験が、今日の私を造ったのだ。あの時代、陳氏のそばで経験を積むチャンスをくれたことに感謝したい。

人生で感謝すべきなのは、自分たちを応援してくれた恩人だけではない。自分をより強くしてくれたライバルにも感謝すべきなのだ。

Ⅱ　リージェント台北に宿泊したビッグスターたち

リージェント台北は、多くの世界のリーダーや世界的に著名なスターを迎え入れてきた。例えば、アメリカの元大統領ブッシュ、元国務長官シュルツ、マイケル・ジャクソン、世界三大テノール歌手、トム・クルーズ、レディガガ、ホイットニー・ヒューストン、ビヨンセ、マイケル・ジョーダン、コービー・ブライアン、アガシ、クラウディア・シファー、ソフィー・マルソー、ジュリエット・ビノシュ、キアヌ・リーヴス、浜崎あゆみ、宮沢りえ、小室哲哉、安室奈美恵、韓国のＢＴＳ、ＴＷＩＣＥ、ＢＬＡＣＫＰＩＮＫ、それにアン・リー、周星馳、張学友、アンディ・ラウ、ミシェール・ヨーなどがいる
ポップスの王様であるマイケル・ジャクソンは、一九九三年と一九九六年に台湾でコンサートを行ったが、一九九六年の時には、彼の大親友のエリザベス・テイラーも一緒に台湾を訪れた。
マイケル・ジャクソンの警備チームは半年前にすべての五つ星ホテルをチェックしに

訪れた。光栄なことに二回の来台ではいずれもリージェント台北が選ばれた。マイケル・ジャクソンはいろいろな噂がある。その中には、エビアンのミネラルウォーターでしか体を洗わないというものもあるが、それは事実ではないことをこのビッグスターのために「訂正」しておきたい。彼は、世界ツアーを回っていたが、発展途上国も多かった。なので、常に何箱ものミネラルウォーターを持参していた。ある時、持ってきたエビアンが飲み終わらず、翌日にはそこを旅立たなければならなかったが、水は持っていけない。そこで水を使い切るためにバスタブに入れて使った。それが、エビアンでしか風呂に入らないという噂になってしまったのだ。

私が彼と初めて出会ったのは一九九六年の時だ。二〇数年が過ぎても、彼の眼がまるで少年のようにピュアだったことを覚えている。実に独特で、印象的だった。

大人なのに、彼はなぜそれほどピュアなまなざしなのだろうか?彼は、五~六歳から一家であちこち演奏に行っており、人生にはパフォーマンスと音楽しかなく、またしっかりと守られてきた。だから、彼の作品は、子供の無邪気なまなざしで世界の変化を見ているようなのだろう。個人的に接してもまさにそうで、私に会った時には、部屋にピアノを用意しておいたことを感謝してくれた。

実際、本当の国際的なビッグスターはいばった所がない。以前、ロック詩人で、ポリスのボーカルのスティングがリージェント台北のバーで飲んでいるところに出くわし、自然と話が弾んだ。マライア・キャリーはコンサートが終わるとホテルに戻り、シェフたちと一緒にパスタを作り、スタッフにふるまっていた。セリーヌ・ディオンはコンサートのたびに家族を連れてくる。彼女が最も好きなのはロビンズ鉄板焼きだ。ソフィー・マルソーが昔、ジュエリーの広告エンドーサーとして台湾を訪れ、リージェント台北で開催されたブランドパーティーの時、私たちは知り合い、話が弾んで、友人となった。

ソフィー・マルソーと同じく007に出演したことのある女優ミシェール・ヨーは、三〇年もの友人である。彼女が『新流星蝴蝶剣 秘術VS妖術』の撮影で台湾を訪れた時、私たちはすぐに意気投合した。また彼女のおかげで、リュック・ベッソンがリージェント台北で『ルーシー』を撮影することに決め、台湾の街並みが世界的な映画に映し出された。ベッソンは以前、『フィフス・エレメント』の宣伝に来台した際、リージェント台北に宿泊したのだが、一〇数年後、彼はまたこのホテルでロケをし、私たちのスタッフもエキストラになった。例えば、エキストラの一人となったVIPチームの洪智昌は、リージェント台北で鍛えられた第一期のバトラーで、多くの国際的なスターに仕えてきた人物である。

ベッソンが映画を撮影している期間、王效蘭女史に宴席に誘われ、私もこの映画監督と同じテーブルにつく機会を得た。以前からベッソンの作品を見たことがあったので、その席で「あなたの映画の中では暴力的な場面が少なからずありますが、人類を救うカギは多くが一人の女性にあるように思えます。それはなぜですか？」と尋ねた。

ベッソンは大笑いして答えた。「私の映画はすべて愛に関するものです」。この大映画

コンスタンスとベビー時代のローレン、VVIPと共に、1996。

監督が本当に語ろうとしていたのは、暴力ではなく、愛だったのだ。いくつかの作品では確かに大きな愛を語っている。

例えば映画『レオン』の殺し屋と少女、『フィフス・エレメント』のミラ・ジョヴォヴィッチが演じた遺伝子操作による人間リー・ルー、『ルーシー』のヒロイン（スカーレット・ヨハンソン）は脳の潜在能力を極限まで高められた人間で、時空の中で消失してしまい、「私はどこにでもいる」というメッセージを残す。いずれも愛の化身だ。女性は、人類の進化において無尽蔵の愛をもたらす。

そして私の人生にも一人の愛の化身がいる——それは私の妻コンスタンスである。

潘思亮

MY VERY OWN SUPERSTARS

〈著者プロフィール〉

林静宜（リン ジンイー）

国立台北大学企業管理大学院修了、国立成功大学医学部老年学大学院修了、雑誌『遠見』のライターや雑誌『30』の編集長を経て、現在は作家、企業での講義を担当。

主な著作には『引路：張淑芬與台積電用智慧行善的公益足跡（導き：張淑芬とTSMCの知的善行の公益の足跡）』、『從郭董到果凍：相信郭台銘（郭台明を信じて）』、『誠品時光（誠品時光：誠品と創業者呉清友の物語）』、『鼎泰豊、有温度的完美（鼎泰豊、ぬくもりある完璧さ）』、『微笑走出自己的路：施振榮的smile學，20堂創業、創新、人生課（笑顔で自分の道を歩め：施振栄のスマイル学）』、『新時代、心王道』、『台積電的緑色力量：21個關鍵行動打造永續競爭力（TSMCのグリーンパワー：持続可能な競争力を生む21のキーアクション）』、『捷安特傳奇：GIANT全球品牌經營學（ジャイアント伝記：GIANTグローバルブランド経営学）』、『時尚是門好生意（ファッションはいいビジネス）』、『改變成功的定義：白袍CEO蔡長海的利他願景學（成功の定義を変えろ：白衣のCEO蔡長海の利他展望学）』、『愛、讓孩子做自己：我這樣教出季衝與季剛（愛があるなら自分でさせろ：季衝と季剛の育て方）』、『淚光奇蹟：陪伴曉鈴的病床日記（涙の奇跡：暁鈴に寄り添った病床日記）』（以上は天下文化出版）など十数冊。

現在、HCW Architects & Associates企画ディレクターを兼任し、「造境：陳其寛大師版画展」のキュレーターも務めた。

〈翻訳者プロフィール〉

横路　啓子（よこじ　けいこ）

栃木県生まれ。大阪外国語大学モンゴル語学科卒、台湾の輔仁大学翻訳学研究所修士課程を経て、同大学比較文学研究所博士課程修了。専門分野は、日本統治時代の台湾文学、日中台の比較文学、比較文化。

著作に『抵抗のメタファー—植民地台湾戦争期の文学』（東洋思想研究所）、『日台間における翻訳の諸相—文学／文化／社会から—』（致良出版）、『＜異郷＞としての日本』（勉誠出版）、『帝国幻想と台湾』（花鳥社）など。翻訳作品には『黎明の縁』（思潮社）、『誠品時光——誠品と創業者 呉清友の物語』（誠品股份有限公司）、『客家文学的珠玉3 曾貴海詩選』（未知谷）などがある。

『晶華菁華』日本語版
リージェント台北の奇跡と潘思亮の経営哲学

令和5年（2023）6月18日　初版第1刷発行

著者——林静宜
翻訳——横路啓子
装幀——高田久美子
本文写真——リージェント台北提供
監修——齊藤　力（リージェント台北）
発行者——山田武秋

発行所——桜出版
岩手県紫波郡紫波町犬吠森字境122
Tel.019-613-2349 Fax019-613-2369
印刷製本　中原造像股份有限公司

ISBN978-4-903156-30-0 C0034 ￥2600E